Klaus Kobjoll   Abenteuer European Quality Award

Klaus Kobjoll

Abenteuer European Quality Award

Umsetzung und Bearbeitung:
Daniel Wagen und Elke Fischer

Mit einem Vorwort von Daniel Wagen

orell füssli Verlag AG

3. Auflage 2001

© Orell Füssli Verlag AG, Zürich, 2000
Alle Rechte vorbehalten
Umschlagabbildung: Renate und Klaus Kobjoll
bei der Verleihung des European Quality Award in Paris
Umschlaggestaltung: Christine Vonow, Zürich
Druck und Einband: Freiburger Graphische Betriebe GmbH, Freiburg i. Brsg.
Printed in Germany

ISBN 3-280-02635-0

———

Die Deutsche Bibliothek – CIP-Einheitsaufnahme
Kobjoll, Klaus:
Abenteuer European Quality Award/Klaus Kobjoll. Umsetzung und Bearb.: Daniel Wagen
und Elke Fischer. Mit einem Vorwort von Daniel Wagen. – Zürich: Orell Füssli, 2000
ISBN: 3-280-02635-0

Inhalt

Vorwort

Der Welt ist die Verhältnismäßigkeit etwas abhanden gekommen. Die Medien füllen ihre Spalten häufig mit Ereignissen, die mit Blick auf die Statistik von marginaler Bedeutung sind – der Leser könnte sich am Ende noch betroffen fühlen. Lesen wir die Wirtschaftsseiten unserer Tagespresse, so dominieren die Berichte über Fusionen, über Turbulenzen an den Aktienmärkten, über Sorgen und Befindlichkeiten weltweit tätiger Großunternehmen die Szene. Kaum zu glauben deshalb, dass EU-weit wie in der Schweiz über 70% der arbeitenden Bevölkerung ihre Brötchen in kleineren und mittleren Unternehmen (KMUs) verdient, und dass die börsenkotierten Unternehmen nicht einmal im Ein-Prozent-Bereich aller eingetragenen Handelsgesellschaften liegen.

Natürlich wirken sich die von den Großen ausgelösten Bewegungen auch auf die Kleinen aus. Wenn hingegen Klaus Kobjoll in seinem vorliegenden dritten Buch die mittelständischen Unternehmen dazu aufruft, endlich von den Großen zu lernen, auferlegt er sich eine zu große Bescheidenheit. Gerade mit dem neuen Buch offenbart der Meister der Umsetzung eine Leistung, die beweist, dass der Wissens- und Erfahrungstransfer zwischen Großunternehmen und KMUs keineswegs auf einer Einbahnstraße verläuft.

Wirtschaftskolosse mit zehn- und hunderttausenden von Mitarbeitern sind langfristig nur menschenwürdig zu führen, wenn vermehrt dort Qualität geschaffen wird, wo sich der Alltag des einzelnen Mitarbeiters spürbar abspielt: In jenem Teilbereich, jener Abteilung oder jener überschaubaren Filiale, die von der Größe exakt wieder im KMU-Bereich liegt. Und da entsteht Qualität nur durch größtmögliche Freiheit innerhalb einer Konformität, die auf das Notwendigste beschränkt wird. «Abenteuer EQA» zeigt das Beispiel eines Kleinen auch für die Großen.

Waren es in den vergangenen Jahren der Betriebserfolg und die fast einzigartige Dienstleistungsauffassung der Mitarbeiter, die den Ruf des Nürnberger Tagungshotels Schindlerhof über die Landesgrenzen hinaustrugen, so hat sich das Palmares 1998 mit einer namhaften Außenbeurteilung von Fachleuten erweitert. Der Gewinn des European Quality Award 1998 hat dem gelebten Praxisbeispiel von Klaus und Renate Kobjoll sowie den gut fünfzig Mitarbeiterinnen und Mitarbeitern international die verdiente Anerkennung verschafft.

Das vorliegende Buch eröffnet am Beispiel des EQA-Abenteuers des Nürnberger Tagungshotels Schindlerhof den Einblick in erlerntes Total Quality Management. Es soll aufzeigen, wie und weshalb es zum Award-Gewinn kam, wie die Bewerbung konkret aussieht und wie die international zusammengesetzte fünfköpfige Jury urteilte. Entsprechend die Dreiteilung: Zuerst meldet sich Klaus Kobjoll selber zu Wort. Im zweiten Teil wird die Bewerbung wiedergegeben, die unter der Verantwortung der Projektleiterin Elke Fischer entstand, und am Schluss des Buches finden Sie eine leicht modifizierte Fassung des Feedback-Berichts der Brüsseler EQA-Kommission. Zweiter und dritter Buchteil dürften vor allem für jene interessant sein, die mit TQM befasst sind oder sich mit ihrem Unternehmen um den Preis bewerben wollen.

Es gibt nicht nur einen Weg zur totalen Qualität. In diesem Sinne wird hier nur – aber immerhin – dargestellt, wie man es machen kann. Abgucken, nachmachen und gute Ideen übernehmen ist zulässig. Es entbindet jedoch nicht davon, alles an das anzupassen, was in jedem Betrieb individuell ist: an die Mitarbeiterinnen und Mitarbeiter, die in Ihrem Unternehmen leben.

Zürich, im Juni 1999
Daniel Wagen

Erster Teil

Auf den Spuren des Erfolgs

I Der Weg

1. Vorbereitungen

Für mich ist die ISO-Zertifizierung der Führerschein, um überhaupt in Richtung Business Excellence los zu marschieren.

Heute sind jene Unternehmen privilegiert, die neue Herausforderungen noch kreieren dürfen; die meisten sind nur noch mit Erkennen und Benennen beschäftigt.

Service-Design macht sehr wohl Sinn. Wenn ein Hotel ausgebucht ist, und Sie hören am Telefon bloß: «Wir sind voll», dann kommt das nicht besonders schön an. Sicher, ein Gast ist auf nüchterne MitarbeiterInnen eingestellt. Wenn Sie aber hören: «Wir sind leider ausgebucht bis unters gastfreundliche Dach», macht dies einen ganz anderen Eindruck.

Grunderkenntnis

Unseren Ansatz zum Thema Total Quality Management haben wir bei Schopenhauer entlehnt. Nicht etwa, weil das erloschene Urheberrecht Kostenlosigkeit garantierte, sondern weil wir gewohnt sind, von den Besten zu lernen. «Hindernisse überwinden ist der Vollgenuss des Daseins». Diese Erkenntnis Schopenhauers ist seither von vielen Denkern übernommen und weiter entwickelt worden; einige habe ich in «Motivaction» und «virtuoses Marketing» erwähnt.

Menschen, die von sich vorbehaltlos sagen können: «Ich bin glücklich» – und es sind ja nur etwa 15% –, beziehen ihr Glücksgefühl nicht aus materiellem Reichtum, sondern aus den großen Zielen, denen sie sich verschrieben haben. Je größer die Ziele sind, desto besser läuft die körpereigene Rauschgiftproduktion (Glückshormone, Endorphine), was beim Menschen zu einem Flow-Zustand führt, wie Professor Csikszentmihalyi schon vor Jahren aufgezeigt hat.

Endorphin-Cocktail

Ich kenne zwei Möglichkeiten, sich täglich diesen Cocktail an Glückshormonen zu mixen. Die erste habe ich genannt: sich große Ziele vornehmen.

Die zweite Möglichkeit: jeden Morgen joggen. Puls hundertachtzig minus Lebensjahre, 45 Minuten. Ich tue dies mit meinem Hund sieben Tage die Woche, egal bei welchem Wetter. Nach zehn Minuten schweben Sie nur noch über die Piste – der Endorphin-Cocktail ist fertig. Sie haben eine vielfache Menge Sauerstoff im Kopf und die Tage können locker drei bis vier Stunden länger sein.

Die Herausforderungen offenlegen

So viele Unternehmen kommen heute deshalb kaum vom Fleck, weil sie sich nicht mehr getrauen, ihre Leute offen mit hochgesteckten Zielen zu konfrontieren und dadurch auch zu fordern. Ich nehme Privatisierungen als Beispiel. Oft werden dort den Mitarbeitern die wirklichen Herausforderungen portionenweise vermittelt, und die Beruhigungspille wird gleich mit verabreicht: Da merkt doch der Mitarbeiter gleich, dass man ihm die wirkliche Herausforderung nicht zutraut und verweigert; die Erkenntnis Schopenhauers wird missachtet.

Und dann wundern sich die Manager noch darüber, dass ihnen dies von den Mitarbeiterinnen und Mitarbeitern nicht einmal gedankt wird und sich ihre Anspruchshaltung noch verstärkt. Management- und Führungsaufgabe Nummer eins ist es, den Mitarbeiterinnen und Mitarbeitern diese Kicks, diese *challenges* immer wieder vor die Nase zu setzen.

Zweifelhafte Zurückhaltung

Heute sind jene Unternehmen privilegiert, die neue Herausforderungen noch kreieren dürfen; die meisten sind nur noch mit Erkennen und Benennen beschäftigt. Nach den umfassenden Veränderungen des wirtschaftlichen Umfeldes in den letzten Jahren sind challenges keine Mangelware mehr. Die können sie schon fast ab der Stange beziehen; vieles ist vorgegeben. Um so weniger ist die Zurückhaltung der Manager nachvollziehbar, wenn es darum geht, den Mitarbeitern offenen Wein einzuschenken. Schauen Sie einmal, welche unabwendbaren Herausforderungen an die Mitarbeitenden in deutschen Unternehmen unser sozialdemokratischer Ex-Bundeskanzler Helmut Schmidt in seinem Buch prognostiziert! Oder auch Charles Kleiber, der Staatssekretär für Wissenschaft und Forschung aus der Schweiz. In einem Plädoyer für ein reformiertes Hochschulnetz zitiert er eine wissenschaftliche Studie. Danach sollen in den Jahren 2005 bis 2010 weltweit rund 80% des Umsatzes mit Gütern erzielt werden, die es noch gar nicht gibt. Die sind heute im besten Fall als Ideen in den Köpfen der Forscher vorhanden.

Quintessenz: Es gibt viele gute Gründe, Mitarbeiterinnen und Mitarbeiter mit Herausforderungen zu konfrontieren und zu fordern; hier Zurückhaltung zu üben, ist weder vornehm noch edel, sondern oft Zeichen von Schwäche und ein Bärendienst an den Mitarbeitenden.

Gipfeltouren im Schindlerhof

Diese Erkenntnisse bilden den Grundstein für unser EQA-Abenteuer. Im Schindlerhof sind große Herausforderungen kultiviert. Wir machen alle ein bis zwei Jahre – je nach dem, wie groß der Berg eben ist – gemeinsam fest, welchen Sieben- oder Achttausender wir besteigen wollen.

1994 hatten wir uns gesagt: Wir wollen den deutschen Marketingpreis der«Hotel Sales and Marketing Associations» gewinnen, und wir haben es geschafft.

ISO 9001

1995 der nächste Berg: Wir beschlossen, uns als erstes Hotel in Deutschland die Zertifizierung nach ISO 9001 zu holen. Und da beginnt unsere Qualitätsreise. Externe Berater warnten uns, wir bräuchten hierfür mindestens ein Jahr. Da haben wir gesagt: «Ihr habt vielleicht Recht – bei normalen Mitarbeitern. Aber sicher nicht mit unseren.»

Über 2000 Mitarbeiterstunden – in der Freizeit

Zuerst riefen wir einen Workshop ins Leben. Neun junge Mitarbeiter – darunter ein Lehrling – begannen mit dem Aufstellen der Spielregeln. Erster Punkt: «Alle Workshops zur ISO finden in der Freizeit statt und nicht in der Arbeitszeit.» Das hätten wir uns anders ja gar nicht leisten können als Kleinunternehmen.

Die neun jungen Leute haben Buch geführt. Sie haben 2150 Stunden geopfert und die Zertifizierung in fünfeinhalb Monaten hinbekommen. Und in dem knappen halben Jahr war die Motivation natürlich ganz oben: Schaffen wir es wirklich als Erste oder überholt uns möglicherweise noch ein anderer? Wir haben's geschafft.

Die Resultate für den Betrieb

Diese Arbeiten vor Beginn unseres EQA-Abenteuers führten zu Kreativitätsschüben und zu vielen kleinen Neuerungen im Betrieb. Hier füge ich ein paar Kostproben an für die, die noch nicht zertifiziert sind.

Frühzeitiges Bekanntmachen neuer Mitarbeiter

Bei uns im Haus hängt an einer exponierten Stelle ein spezielles Schwarzes Brett. Da sind jeweils die Steckbriefe mit Foto jener Mitarbeiterinnen und Mitarbeiter angebracht, die in ein, zwei oder drei Monaten bei uns beginnen, damit sich alle die Namen und die wichtigsten Eckdaten vorher merken können.

Checklisten

Da hat zum Beispiel am 1. September 1998 die Julia B. begonnen, und zwar gleich als Mitarbeiterin im Tagungsbereich. Julia ist von Anfang an zuständig für den Aufbau der Kaffeepause. Also greift sie zum Organisationshandbuch, zum OHB dieses Bereiches, und da steht drin: «Mise en place/Vorbereitung Kaffeepause».

Nach diesem Titel wird im OHB das Ziel klar gemacht: «Unsere Tagungsgäste finden immer eine perfekt vorbereitete Kaffeepause vor.»

Dann wird der Weg beschrieben, der zur perfekten Kaffeepause führt: «Untertassen, Kaffeelöffel, brauner Zucker, weißer Zucker, Kaffee, Kaffeesahne, Teewasser, zwei Teeboxen, sechs verschiedene Teesorten, Gemüsesticks, Teller, Kekse, Zitronensaft, Honigspender, Teetassen, Teeschalen, Servietten, Espressomaschine, Espressotassen und -untertassen, weißer Zucker neben der Espressomaschine, Kreativtee mit Stövchen; Streichhölzer und die Rezeptur zum Kreativtee liegen daneben.»

Da braucht sich ihre Chefin, die Sabine B., doch nicht mehr den Mund franslig zu reden, sondern Julia hat eine Checkliste und sie kann nachschauen, wie ihre Aufgabe zu erfüllen ist.

Service-Design

Ein weiteres Beispiel – Stellen Sie sich vor: Wir haben eine Rezeptionistin, die heute ihren ersten Arbeitstag hat. Jetzt kann sie doch ganz genau nachschauen, wie bei uns alles abläuft. Sie findet darin selbst das Service-Design beschrieben: Wie wird ein Gast begrüßt? Wie wird bei uns eingecheckt? – «Jeder Gast wird immer sehr herzlich und nach Möglichkeit mit seinem Namen angesprochen. Unser Gast erhält zur Begrüßung einen *welcome drink* mit den Worten: ‹Dürfen wir Ihnen zur Begrüßung ein Glas Sekt anbieten?›, oder – je nach Jahreszeit – : ‹Darf ich Sie zur Begrüßung zu einem Glühwein einladen?›»

Die Begrüßung selbst: «Herzlich willkommen im Schindlerhof – schön, dass Sie da sind! Hatten Sie eine gute Anreise?»

Es mag Ihnen vielleicht pingelig vorkommen, dass da die Sätze vorgeschrieben sind. Doch Service-Design macht Sinn. Es gewährleistet den gezielten, zuvorkommenden Kundenumgang auch in hektischen Momenten. Wenn ein Hotel ausgebucht ist, und Sie hören am Telefon bloß: «Wir sind voll», dann kommt das nicht besonders schön an, auch wenn der Gast auf nüchterne MitarbeiterInnen eingestellt ist. Wenn Sie aber hören: «Wir sind leider ausgebucht bis unters gastfreundliche Dach», so macht dies einen ganz anderen Eindruck.

In vielen Hotels werden Sie heute nur noch vom Computer geweckt. Bei uns hören Sie als erstes Ihren Namen: «Guten Morgen, Herr Meier, es ist sieben Uhr. Sie wollten geweckt werden – ein schöner Tag erwartet Sie.» Und bei Regenwetter: «… ein guter Tag erwartet Sie.» Wir möchten halt diese Dinge so herübergebracht wissen. Das erreichen Sie nur mit Service-Design.

«Hier ist alles irgendwie anders, überall liegt etwas Spezielles in der Luft … Auch von unseren Seminarteilnehmern werden wir immer wieder auf das herzliche Engagement der Schindlerhof-Mitarbeiter angesprochen», schrieb uns zum Beispiel Dr. Michael Spitzbart im Anschluss an eines der vielen Seminare, die er bei uns schon durchgeführt hat. Auch das ist nicht zuletzt das Resultat von – Service-Design.

Warnung vor abgehobenen Geschichten

Bei ISO wie bei TQM sind nicht irgendwelche großen spektakulären Würfe entscheidend. Wirkliche Qualität entsteht durch viele Details. Aber Vorsicht: Die müssen nicht nur Sinn machen, sie müssen auch stimmig sein.

Ein US-Hotelriese lässt seine fünf Sterne seit April 1998 auch in Hamburg leuchten: luxuriöse Ausstattung, international erprobte Lean-Struktur, saubere Betriebsführung. In der Preisklasse 400 bis 500 Mark pro Zimmer und Nacht gehört dies zu den *basics* – so etwas wird vom Kunden erwartet.

Auch bei den Großen hat man die Notwendigkeit erkannt, sich mit kleinen Aufmerksamkeiten zu profilieren. Logieren Sie nun in dieser Hamburger Luxus-Kiste, so finden Sie neben dem Nachttisch ein Zettelchen mit folgendem Text:

> *Guten Abend!*
> *Bitte wählen Sie unsere Hausdame unter der Rufnummer 4 an, wennSie möchten, dass wir Ihr Bett aufschlagen.*
> *Gute Nacht.*

Völlig abgehoben; sowas funktioniert nicht. Louis XIV. lässt grüßen! Stellen Sie sich die Top-Manager von Siemens, ABB oder Deutscher Bank vor, die kurz zuvor zwecks Erhöhung ihrer Sozialkompetenz zwei Wochen in der Obdachlosen-Betreuung gearbeitet haben. Und jetzt sollen die fürs Bett Aufschlagen zum Hörer greifen …

Und spätestens beim Ausfüllen des Kunden-Feedback-Formulars merkt auch jeder, dass in jenem Großbetrieb solche Geschichten nicht von den zuständigen Mitarbeiterinnen kreiert werden – das traut man denen offenbar auch gar nicht zu, denn unter der Rubrik «Zimmerreinigung» darf man auf dem Formular genau zwischen zwei Qualitätskategorien auswählen: «zufriedenstellend» oder «nicht ausreichend». Erwarten Sie von Ihren eigenen Mitarbeitern höchstens eine zufriedenstellende Leistung, müssen Sie sich nicht wundern, wenn Sie in der zweiten Bundesliga laufend Remis spielen.

Unmittelbarer Nutzen von ISO

Ich habe unsere Tagungsleiterin Sabine B. einmal gefragt: «Sag mal, wie viel Zeit hast du eigentlich vor und nach der Zertifizierung gebraucht, um einen Lehrling in deinem Bereich fit zu kriegen?» Da sagte sie: «Früher habe ich drei Monate gebraucht» – da hatte der ja schon wieder in den nächsten Bereich gewechselt. «Und heute», sagt sie, «heute benötige ich zehn bis zwölf Stunden!» – weil alle Informationen über die Abläufe bis ins letzte Detail schriftlich vorliegen.

Kernprozesse

Ganz wichtig ist bei der ISO, dass Sie sich mit den Kernprozessen Ihres Unternehmens auseinandersetzen. Ich zeige Ihnen die Kernprozesse, mit welchen wir unser Unternehmen führen.

Lang-, mittel- und kurzfristige strategische Planung incl. Controlling
Gästeaufträge von Anfrage über Angebot, Besuch, Zahlungseingang
Produktion Küche
Einkauf
Team-Modell
Instandhaltung
Innovation

Die einzelnen Kernprozesse hängen übrigens alle an den entsprechenden Bürotüren. Einzelheiten dazu werden Ihnen in der EQA-Bewerbung und im Feedback-Bericht (Seite 190) näher gebracht. Kernprozesse waren nicht nur bei ISO 9001 ein Thema, sondern natürlich auch beim European Quality Award.

An dieser Stelle möchte ich nur auf einen Kernprozess kurz eingehen.

Kernprozess Instandhaltung

Nehmen wir an, wir haben eine Störung, eine Maschine ist defekt. Dann geht sofort eine Information an unseren Haustechniker. Der prüft zuerst, ob ein Wartungsvertrag für diese Maschine vorliegt. Wenn ja, so langt er gar nicht selber hin. Wenn noch Garantie auf dem Gerät ist, dann natürlich auch nicht. Letzte Möglichkeit: Er macht's halt selber.

Und wenn er es nicht selber machen kann, dann geht ein Auftrag an eine Fremdfirma. Die Fremdfirma kommt und repariert.

Nun ist die Sache aber noch nicht abgeschlossen. Es folgt ein Abschlussgespräch mit dem Monteur, dem Haustechniker und unseren zuständigen Mitarbeitern, damit das Ganze nicht wieder passiert. Es muss ein Verbesserungskreislauf zu erkennen sein.

Der Dank

Soweit einige Ergebnisse aus unseren Arbeiten für ISO 9001. Jetzt haben wir, das heißt vor allem meine Mitarbeiterinnen und Mitarbeiter, die Zertifizierung in fünfeinhalb Monaten geschafft. Nun wäre es unfair, hätte ich die 2150 Stunden einfach eingesackt, ohne mich dafür zu bedanken. Ich habe mich bei der Gruppe mit einem Gutschein für eine Reise nach New York bedankt. Wir hatten dort Termine mit Führungskräften des Riz Carlton im Central Park von Manhattan, um uns das Rüstzeug zu holen für die nächste Bergbesteigung.

Das Riz Carlton hat 1996 die höchste amerikanische Qualitätsauszeichnung bekommen, den «Malcolm Baldridge Award». Die zugehörige Trägerschaft ist keine andere als wir sie hier in Europa mit der European Foundation for Qualitymanagement auch haben.

2. TQM und seine Kriterien

Es gibt Unternehmen, da sind Führungskräfte bloße Durchlauferhitzer: Alle zwei Jahre sitzt an der selben Stelle ein anderer – ein untrügliches Zeichen großer Mitarbeiterunzufriedenheit.

Wenn Sie mit Ihren Mitarbeitern immer nur zugekaufte Befragungen durchführen oder selbst entwickelte Fragen unterbreiten, dann wird es schon so sein, dass man nichts Böses darauf antworten kann …

Kundenzufriedenheit kann sich nicht darin erschöpfen, sich auf die Schulter zu klopfen und zu sagen: «König Kunde steht im Mittelpunkt.» … deshalb stört er wahrscheinlich auch so oft.

Ohne Zuwachs kein Vergnügen. Wachstum ist der reine Sauerstoff für ein Unternehmen.

ISO und Total Quality Management (TQM) – der Unterschied

An einem einfachen Beispiel will ich Ihnen den Unterschied zwischen ISO und TQM zeigen. Es ist wie beim Fußball. Sind Sie ISO-zertifiziert, dann haben Sie eine saubere Verteidigung. Bei ISO stehen Prozesse im Mittelpunkt. Sind die in Ihrem Unternehmen eingearbeitet, dann ist Ihr Tor dicht. Sie müssen sich nicht mehr nach hinten orientieren und schauen, ob zu Hause alles läuft.

Bei TQM jedoch geht es nicht mehr um Prozesse. Da ist alles nach vorne gerichtet. Da geht es um Kunden, Mitarbeiter, Lieferanten, um alle am Prozess Beteiligten, da geht es um den Angriff im Fußball.

Natürlich ist das eine die Voraussetzung für den Erfolg des anderen. Ich kann nicht vorne wild auf den Kunden losgehen und hinten habe ich ein scheunen-weit offenes Tor. Deshalb ist für mich die ISO-Zertifizierung der Führerschein, den es braucht, um überhaupt in Richtung *business excellence* fahren zu dürfen.

Und ich kann auch nicht verstehen, dass es immer noch Dienstleister gibt, die der Meinung sind, die Zertifizierung hätte etwas mit Bürokratie zu tun. Darauf komme ich noch zurück.

TQM – keiner bleibt draußen

Total Quality Management ist ein ganzheitliches Managementmodell, das alle am Prozess Beteiligten mit einbezieht. Dazu gehören nicht nur die Kunden, sondern auch die Lieferanten, die Mitarbeiter, die Umwelt – alle und alles, was beteiligt ist, wird mit einbezogen.

Service-Qualität ist ein kleiner Teil von TQM und nicht, wie viele meinen, TQM schlechthin. Bei Service-Qualität geht es um Kundenzufriedenheit, aber das ist noch lange nicht alles.

Chefsache zum Vorleben

TQM beginnt im Kopf und ist zuerst einmal eine unternehmerische Grundhaltung. Sie muss zur Chefsache erklärt sein, wenn sie erfolgreich sein will. Es würde nie funktionieren, wenn der Chef zu irgend einem jungen Mitarbeiter sagte: «Machen Sie einmal ein TQM-Projekt und schauen Sie, wie weit Sie kommen.»

TQM muss vorgelebt werden; bei TQM muss gefordert, es muss aber auch gefördert werden, das heißt, es braucht auch ganz schön Arbeit in der Weiterbildung. Prozessmanagement und Verbesserungskreisläufe sind nur zwei Stichworte dazu.

TQM ist ein wunderbarer Werkzeugkasten, eine *tool-box* für Klein- und Mittelunternehmen. Es wird bald keinen Mittelstand mehr geben, wenn wir KMU-Unternehmen die *tools* nicht endlich übernehmen. Was wir im Schindlerhof machen, ist nichts anderes, als sämtliche Werkzeuge in unser kleines Unternehmen zu übertragen und das Ganze so abzuspecken, dass es eben keine Bürokratie mehr ist.

Entstehung des EQA

Wenn Sie einmal zehn Jahre zurückblicken, dann werden Sie feststellen: Alles, was das Management revolutioniert hat, kam aus den USA oder aus Japan. *Lean production, Kaizen, lean management* – alles Schlagworte, die uns damals intensiv beschäftigt haben, kamen über den großen Teich zu uns. Wir hatten dem kaum etwas entgegen zu setzen. Schließlich entschied die zuständige Kommission in Brüssel, im Qualitätsbereich die vorhandene Lücke zu füllen, und man entwickelte jenes System für den EQA, das sich stark an das japanische und das US-amerikanische Qualitätsmodell anlehnt.

Das Modell führt neun Kriterien auf, die sich zunächst einmal in zwei Bereiche teilen lassen. Die ersten fünf Kriterien betreffen das, was Sie als Unternehmen aktiv gestalten können. Bei den Kriterien der zweiten Hälfte können Sie nur noch messen.

Die Kriterien der European Foundation for Quality Management

Sie sehen im folgenden die neun Kriterien der European Foundation for Quality Management aufgelistet, zusammen mit dem jeweiligen Faktor, wie sich das einzelne Kriterium in der Gesamtbewertung niederschlägt. Als Ganzes sind die Kriterien nichts anderes als die Straßenkarte für den Weg zu *business excellence*.

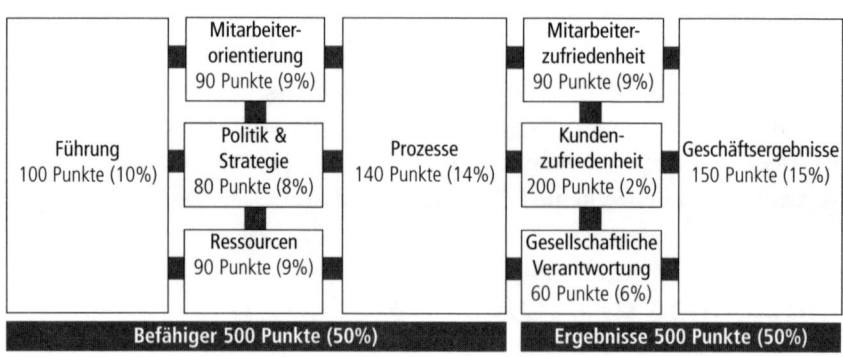

Kriterium 1: Führung/Leadership

Wie leben die Führungskräfte das Qualitätsmangement im Betrieb vor? Etwas vereinfacht geht es darum, wie Sie miteinander umgehen. Doch zählen nicht etwa Ihre schriftlichen oder mündlichen Aussagen, sondern die Taten im Alltag. Leben Sie immer noch Privilegien in der Führungscrew aus? Wird in Ihrem Betrieb immer noch nach dem *Top-down-*Prinzip geführt, oder ist Hierarchie-Verhalten abgeschafft? Das sind in diesem Bereich die entscheidenden Fragen.

Kriterium 2: Strategie und Planung

Wenn Sie Erfolg m Betrieb haben wollen, so gelten die gleichen Voraussetzungen wie bei einer Expedition: Planung ist genauso notwendig wie die transparente Einbindung Ihrer Mitarbeiter in all Ihre Ziele. Haben Ihre Mitarbeiter und Mitarbeiterinnen die Ziele und Strategien derart verinnerlicht, dass sie Ihre Begeisterung teilen, werden wie selbstverständlich auch große Ziele angepackt.

Die dazu gehörigen Fragen lauten: Ist ein Unternehmensleitbild vorhanden? Gibt es eine saubere Marketing-Strategie? Ist der Prozess der strategischen Planung ein Kernprozess?

Kriterium 3: Mitarbeiterorientierung

Qualitätsmanagement bedeutet, sich kontinuierlich zu verbessern. Verbesserungen werden für den Kunden spürbar, wenn die Mitarbeiter einbezogen werden. Das setzt voraus: sorgfältige Auswahl der Mitarbeiter, Vereinbarung von Zielen mit jedem Einzelnen und Schaffung von Anreizen zu selbstständigem Handeln.

Die zentrale Frage in diesem Bereich: Was tut ein Unternehmen aktiv für seine Mitarbeiter?

Es sind die kleinen Geschichten, die sich auszahlen: Blumenstrauß am ersten Arbeitstag, eigene Visitenkarte, freie Dienstwagen-Wahl, Geschenke vor und nach dem Urlaub, Geburtstagsrituale, Weihnachtsfeier, Ausflüge mit Ihren Lehrlingen, Einbezug der Familien, etc. Auch hier gilt: Im Alltag gewinnen Sie das Rennen.

Kriterium 4: Ressourcen

Im Einkauf und in der Bewirtschaftung der wichtigsten Ressourcen liegen wenig spektakuläre Reserven, die aber oft unterschätzt werden. Wer in den letzten zwei Jahren seine Abläufe in Einkauf und Bewirtschaftung nie systematisch hinterfragt hat, verschenkt Geld.

Kriterium 4 in der Frageform: Wie ist Ihr Mitteleinsatz im Unternehmen? Welche Filter haben Sie eingebaut, wenn Geld ausgegeben wird? Werden der *return on investment* oder Ihre Einkaufspolitik überprüft? Was geschieht mit den Informationen, wenn in einem Bereich unerwartet Geld aus Ihrem Unternehmen geflossen ist?

Kriterium 5: Prozesse

Für die wichtigsten Abläufe müssen Verfahren festgelegt werden, die für alle Mitarbeiter verständlich sind. Das Einhalten dieser Verfahren muss gemessen werden. Alle Abläufe werden laufend verbessert und in regelmäßigen Abständen überprüft.

Dieses Kriterium hat natürlich mit ISO zu tun. In der TQM-Bewertung können Sie mit diesem Kriterium und damit mit den ISO-Hausaufgaben maximal 14% gewinnen.

Kriterium 6: Mitarbeiterzufriedenheit

Organisationen werden nur dann erfolgreich sein, wenn sie über ein motiviertes und überaus engagiertes Team verfügen. Zeigt die Mitarbeiterorientierung keine konkreten positiven Ergebnisse bei der Mitarbeiterzufriedenheit, so ist sie nicht wirkungsvoll genug.

Bei Kriterium 3 «Mitarbeiterorientierung» galt die Frage, was Sie aktiv für Ihre Mitarbeiter tun. Nun stellt sich die Frage, ob Sie damit auch den gewünschten Erfolg erzielen. Und auch da müssen Sie messen. Es gibt viele Messkriterien, die unbestechlicher sind als die bloßen Antworten von Mitarbeitern.

Nehmen Sie als Beispiel die Krankheitstage. Der deutsche Durchschnitt liegt bei bis zu 20 Tagen im Jahr. Bei mir waren es im Jahre 1997 4,5 Tage. Hieran erkennt man schnell, ob Mitarbeiter an einem Ort zufriedener sind als anderswo.

Ein weiteres Messkriterium ist die Fluktuation im Team. Es gibt Unternehmen, da sind Führungskräfte bloße Durchlauferhitzer. Alle zwei

Jahre haben sie für die gleiche Stelle einen anderen – untrügliches Zeichen großer Unzufriedenheit. Und da geht es keineswegs nur um die, die da verheizt werden. Das Durchlauferhitzer-Syndrom sagt auch etwas aus über die Zufriedenheit derjenigen, die geblieben sind.

Wichtig sind zu guter Letzt auch regelmässige Mitarbeiterbefragungen. Jedes Jahr fragen wir zum Beispiel: «Wünschen Sie eine Änderung im Führungsstil Ihrer Vorgesetzten? Was kränkt Sie bei der Arbeit? Was würden Sie generell anders machen?» etc.

Und die wohl bedeutendste Frage lautet: «Was möchten Sie bei der nächsten Befragung zusätzlich gefragt werden?» Da erst werden die Leichen im Keller aufgedeckt. Wenn Sie immer nur zugekaufte Befragungen durchführen oder selbst entwickelte Fragen unterbreiten, dann wird es schon so sein, dass man nichts Böses darauf antworten kann.

Kriterium 7: Kundenzufriedenheit

Zufriedene Gäste kommen wieder. Sie sind die besten Mund-zu-Ohr-Werber für Ihr Unternehmen.

Wiederum genügt hier nicht, dass Sie sich auf die Schulter klopfen und sagen: «In unserem Leitbild steht seit Jahren schon ‹König Kunde steht im Mittelpunkt›» … deshalb stört er wahrscheinlich auch so oft. Sie kommen nicht darum herum aufzuzeigen, wie zufrieden Ihre Kunden denn wirklich sind. Das heißt auch hier: messen.

Die Mittel dazu sind: regelmäßige Kundenbefragungen; Stammkunden-Panels, Smiley-Kärtchen, die jeder Rechnung beigelegt sind usw. Der aktive Einbezug der Kunden gehört bei TQM dazu.

Kriterium 8: Auswirkungen auf die Gesellschaft

Auch wenn es heute erst wenige Betriebe tun: Gesunde Ergebnisse lassen sich nur in einem gesunden Verhältnis mit der engeren und weiteren Mitwelt erzielen.

Hier interessiert, in welchem Maße ein Unternehmen seine gesellschaftliche Verantwortung wahr nimmt. Welchen Wert hat Ihr Unternehmen in seinem Umfeld? Welches Image genießt das Unternehmen im Ortsteil, wo Sie sind? Was tun Sie, um Ihrer gesellschaftlichen Verantwortung gerecht zu werden? Dieses Kriterium wird mit 6% der 100-Punkte-Skala relativ gering bewertet.

Kriterium 9: Geschäftsergebnisse

Es braucht sich niemand um den *European Quality Award* zu bewerben, wenn sein Unternehmen unterm Strich nichts herausholt. Gewinn ist doch nichts anderes als ein Abfallprodukt, nämlich der Ausfluss umfassender Qualitätsbemühungen. Wenn Sie bei den anderen Kriterien alles richtig gemacht haben, dann ist folgerichtig Kundennutzen vorhanden, und der Gewinn muss entsprechend hoch sein. Lassen Sie sich also nichts vormachen von jemandem, der sagt, er biete eine tolle Dienstleistungsqualität, aber Gewinn mache er keinen.

Im Visier: Kundenzufriedenheit und KVP

TQM ist nichts Kompliziertes, weil es nur zwei Zielrichtungen gibt.
• die Steigerung der Kundenzufriedenheit.
• der kontinuierliche Verbesserungsprozess.

Kontinuierlicher Verbesserungsprozess – bürokratisch KVP genannt und meint nichts anderes als das japanische Kaizen – ist der unaufhörliche Prozess der kleinen und kleinsten Schritte, um sämtliche Tätigkeiten und Leistungen in einem Unternehmen ständig zu verbessern.

3. Das Abenteuer beginnt

Der härteste Klebstoff auf dieser Welt heißt: Gewohnheit.

Das Schlimmste, was meinem Smiley passieren kann: Es laufen ihm Tränen aus den Augen. Dann weiß jeder: Der Alte frisst Herztabletten.

Freundschaft heißt: immer in Verbindung bleiben.

Zum Thema Stammkundenpflege: Wenn ich nun meine Kundenpflegemittel auf die Schultern aller 220 Firmen verteile, die zum Tagungsumsatz beigetragen haben, dann wird doch keiner richtig nass.

Kein falsch verstandenes Soft Management bitte: You've got to be hard to be soft.

Druck als Mittel gegen Klebstoff

Aller Einfachheit zum Trotz: Wenn Sie mit einer grundlegenden Veränderung wie TQM auf Ihre Mitarbeiter losgehen, dann erreichen Sie diese Veränderungen nur selten ohne Probleme. Meines Wissens war es Nietzsche, der einmal auf das Gewohnheitstier Mensch hingewiesen hat mit den Worten: «Selbst der Klügste nimmt seine Gewohnheiten immer noch für wichtiger als seine Vorzüge.» Der härteste Klebstoff auf dieser Welt heißt: Gewohnheit.

Wir leben bei uns im Schindlerhof ein *Soft Management*. Trotzdem haben wir es nicht immer geschafft, auf direktem Weg von A nach B zu kommen. Auch wir mussten immer wieder den Umweg nehmen, der da heißt: Druck. *You've got to be hard to be soft.* Sanfte Werte werden nur als sanfte Werte erkannt, wenn Sie auch hart sein können.

Die Mitspieler in Kategorien

Gewöhnlich lässt sich ein Mitarbeiter-Team bei der Einführung eines TQM-Projektes – oder der Besteigung eines anderen «Achttausenders» – in sieben verschiedene Gruppen einteilen. Ich bin überzeugt, dass dies bei niemandem viel anders aussieht.

Die Emigranten

Diese erste Gruppe ist völlig problemlos. Die Emigranten kriegen das Projekt präsentiert und sagen: «Um Gottes Willen, das riecht nach Arbeit. Da machen wir lieber die Fliege, gehen in eine gemütliche Jugendherberge für Erwachsene und machen uns da nicht nass!»

Die Missionare

Die zweite Gruppe – da wünsche ich Ihnen, dass Sie davon auch einige haben, so wie ich – das sind die Missionare. Die sind überzeugt von der Richtigkeit und von der Wichtigkeit dieser Veränderung. Erstes Ziel der Missionare ist es, möglichst schnell möglichst viele katholisch zu machen, um wieder einmal mit einem Bild aus Bayern zu «malen». Und schon bin ich bei der nächsten Gruppe:

Die Gläubigen

Die Gläubigen bilden die wichtigste Gruppe für den Erfolg. Ein Gläubiger setzt nämlich seine ganze Arbeitskraft im Sinne dieser Neuerungen ein, im Schindlerhof auch einen Teil seiner Freizeit.

Die Lippenbekenner

Auch die Gruppe der so genannten Lippenbekenner ist wohl allen bekannt. Die sagen bei der Kaffeepause, wenn das Projekt vorgestellt wird: «Ja, das finden wir ganz toll, genial: TQM! Natürlich – brauchen wir!» Es bleibt aber nur bei den Worten, und es folgen keine Taten. So richtige Dampfplauderer sind das. Beim Pferd spricht man von Blendern. Da gibt es solche, die laufen in der Koppel und kratzen sich an den Ohren vor lauter Gangwerk. Aber kaum ist ein Sattel drauf, laufen sie wie eine Nähmaschine. Die landen häufig in der Wurst.

Hier müssen Sie schon zum ersten Mal hart sein. Das heißt, Sie geben eine zweite Chance: «Bitte, Sie haben Ihr Projekt noch nicht abgeliefert – darf ich wissen, bis wann ich es bekomme?» Und vielleicht hat der auch noch eine dritte Chance zugut, aber dann muss irgendwann einmal Schluss sein, sonst kriegen Sie das Projekt nicht zum Laufen.

Die Gleichgültigen

Die machen regelmäßig die größte Gruppe aus; auch bei uns etwa zwei Drittel. «Ja ja, unseren Chef, den kennen wir schon lang. Der kommt jedes Jahr mit so einer Sache – schaun wer mal …» So schön nach Beckenbauer: «Ruhig bleiben, abwarten, nur nicht verrückt machen lassen.»

Ich finde diese Haltung völlig legitim und in Ordnung. Da müssen halt die Missionare anpacken, um die Gleichgültigen zu taufen. Und das ist natürlich wieder ein Prozess, der nicht von heute auf morgen durchzuziehen ist.

Dann gibt es Leute, die sind Gott sei Dank selten:

Die Guerilleros

Widerstandskämpfer! Die sind äußerst schwer zu erkennen und gefährlich. Die Guerilleros sind nicht ehrlich. Die sagen Ihnen ins Gesicht, dass sie es gut finden. Und sind noch nicht ganz zur Tür hinaus und beginnen schon mit der Wühlarbeit. Die müssen Sie isolieren.

Die aufrechten Gegner

Und dann gibt es noch welche, die ganz offen gegen dieses Projekt sind. Wir hatten anfangs ganz schön Probleme. Aber es zeugt von einem guten Charakter, wenn einer ganz offen sagt: «Ach hört mir mit dem Sch… auf! Was soll ich jetzt da alles messen?! Wozu soll ich all die Standards und das ganze Zeugs einsetzen – ich bin doch keine Behörde! Und überhaupt können wir uns das als Kleinbetrieb gar nicht leisten.»

Heute sind bei uns diese Mitarbeiter Verfechter von TQM, weil wir halt bewiesen haben, dass es ihnen die Arbeit leichter macht und die Qualität tatsächlich besser wird, wenn die Standards eingehalten werden.

Mit diesen sieben Gruppen müssen Sie rechnen, wenn Sie es mit TQM aufnehmen.

4. Die erste EQA-Bewerbung

TQM ist ein Marathon, wenn nicht sogar ein Ironman.

Wirbeln Sie Ihre Teams nur ein wenig durcheinander. Bohren Sie mit dem Presslufthammer etwas Gewohnheit aus der Großhirnrinde. Verwandeln Sie möglichst viele Yes-butters in Why-notters …

TQM – wozu überhaupt?

Jetzt können Sie über mich sagen: «Spinnt der oder was? Bei mir ist zu Hause so ziemlich alles in Ordnung und das Team läuft einigermaßen. Wenn ich das einführe, dann laufen mir doch alle auseinander und ich verliere meine Leute. Aus welchem Grund sollte ich das riskieren?»

Ich kann Ihnen nur eine Begründung geben: Wir befinden uns heute in einem Verdrängungswettbewerb. Verdrängungswettbewerb erfordert Höchstleistungen. Es reicht schon lange nicht mehr, nur so gut zu sein wie der Mitbewerber. Es reicht aber auch nicht mehr, nur gerade 2% besser zu sein. Heute benötigen Sie gegenüber Ihren Mitbewerbern echte 30-Prozent-Vorteile in vielen Bereichen, um eine Öffentlichkeit oder den verwöhnten Kunden dahin zu bringen, dass er überhaupt noch merkt: hier ist noch einer besser.

Das ist der Grund, weshalb Sie ruhig auch Ihre Teams ein wenig durcheinander wirbeln, mit dem Presslufthammer etwas von der Gewohnheit aus der Großhirnrinde entfernen sollen, damit Sie nachher nur noch *Why-notters* und keine *Yes-butters* mehr haben.

Wir wagen es

Wir haben ein Jahr lang hart an TQM gearbeitet und hatten dann den Mut, uns für diesen *European Quality Award* zu bewerben.

Im April 1997 war Einsendeschluss. Und jetzt hatten wir Glück. Wir hatten mit unserer Bewerbung bereits eine solche Punktzahl erreicht, dass die in Brüssel hellhörig wurden und sich sagten: «Das müssen wir vor Ort überprüfen.»

Wir haben einen so genannten *site visit* erhalten. Es kamen vier internationale Assessoren, die fünf Tage lang unser Unternehmen auf den Prüfstand stellten und nachsahen, ob das, was in der Bewerbung steht, nur anekdotisch ist oder wirklich gelebt wird.

Nach fünf Tagen sind die wieder abgereist. Dann kam irgendwann ein Schlussbericht von Brüssel mit unserer Punktzahl. Und nun mussten wir erkennen, dass wir zu wenig gemessen hatten. Bei den vier Kriterien des zweiten Teils waren wir noch zu schwach. Jetzt fiel die Motivation im Team in den Keller. Jetzt wussten wir, dass wir nichts wussten …

Finale, aber eben …

Trotzdem hats gereicht, um ins Finale zu kommen. Wir waren unter den besten sieben Unternehmen Europas im KMU-Bereich und wurden nach Stockholm zur Preisverleihung eingeladen. Da gab es ein Treffen mit Königin Sylvia; Abendessen mit ihr am selben Tisch, eine Nobelpreis-ähnliche Abendveranstaltung im Rathaus von Stockholm. Da floss dann schon wieder etwas Endorphin. Der Blätterwald hat auch ordentlich gerauscht – zum ersten Mal kam ein deutsches Unternehmen überhaupt ins Finale.

Doch das alles nutzte uns wenig: Zu Hause war die Motivation am Boden, denn wir hatten uns mehr vorgenommen. Zum ersten Mal in unserer Geschichte haben wir ein gestecktes Ziel nicht auf Anhieb erreicht.

Und nach dieser Erfahrung sage ich Ihnen gleich heute: TQM ist ein Marathon, wenn nicht sogar ein *Ironman*. Die Implementierung zieht sich über mindestens drei Jahre hin. Wir mussten uns abschminken, dass man TQM mit einem einzigen Jahreszielplan einführen und umsetzen kann. Wir waren gezwungen, TQM als mittelfristiges Projekt anzuerkennen, das auf drei oder vier Jahre – bei Großunternehmen vielleicht sogar auf fünf Jahre – angelegt werden muss.

5. Die Nachbesserung

Nur was gemessen wird, wird auch getan.

Auch eine Schule ohne Bewertung ist undenkbar, denn sonst kenne ich die Bereiche gar nicht, in denen ich mich noch verbessern muss.

Wir beginnen zu messen, und siehe da: Sofort entsteht bei meinen Mitarbeiterinnen und Mitarbeitern zusätzliche Kreativität.

Bürokratie erkennen Sie an den willkürlich und ohne Rücksicht auf den konkreten Nutzen festgelegten Schritten.

Aufgeben?

Trübsal zu blasen ist unsere Sache nicht. Dafür sind wir im Schindlerhof nicht eingerichtet. Zudem hatten uns die Assessoren die Mängel nachvollziehbar und glasklar vor Augen geführt. Wir wussten, weshalb wir unser Ziel verfehlt hatten, und was bei uns zu verbessern war. Nach erfolgter Standortbestimmung und einiger Zeit des moralischen Aufrichtens waren wir fit für den zweiten Anlauf.

... messen, messen, messen ...

Ich habe es bereits erwähnt: Wir hatten zu wenig gemessen. Die Assessoren kamen in die Küche und sagten: «Dürfen wir bitte mal Ihren Standard sehen? Wartezeit auf eine Vorspeise und auf ein Hauptgericht?» Das hatten wir nicht.

Heute liegen Streudiagramme am Pass, an der Stelle, wo das Essen raus geht. Da ist eine elektronische Eieruhr; wenn ein Kellner einen Tisch abruft – «Tisch 4, Hauptgerichte können laufen» – , dann drückt er auf die Uhr. Kommen die Teller, drückt er wieder und macht damit einen Punkt auf diesem Streudiagramm.

Wir haben heute einen Standard bei den Hauptgerichten von 20 Minuten Wartezeit – Toleranzzeit 15 bis 25 Minuten.

Und wie von Geisterhand ist von Woche zu Woche mehr in diesen Raster hineingegangen. Denn nur was gemessen wird, wird auch getan. Stellen Sie sich mal vor, Sie sind der Trainer eines Hochspringers, der Beine hat bis zum Himmel – ein Riesentalent. Jetzt lassen Sie den den ganzen Tag trainieren, aber es liegt keine Stange drauf. Sie peitschen ihn an: «Noch höher und mehr und noch ein wenig höher!» – der verliert doch die Lust. Erst wenn eine Stange drauf ist und gemessen wird, bleibt er dran und wird alles geben.

Eine Schule ohne Bewertung ist undenkbar. Da kenne ich die Bereiche ja nicht, in denen ich mich noch verbessern muss. Ob nun mit Noten oder mit anderen Mitteln: Sie müssen messen.

Die Folge: Schwachstellen werden erkannt

Nächstes Beispiel: Wir hatten keinen Standard am Telefon. Vielleicht hat es zwei Mal geklingelt, vielleicht fünf Mal und – wenn gerade Hochbetrieb war – auch neun Mal. Jetzt haben wir einen Standard gesetzt: Es soll höchstens drei Mal klingeln, Toleranz bis fünf Mal. Klingelts öfter, dann wird auf einer Liste ein Strich gemacht.

Der Lohn: die Verbesserung

Damit war eine Basis gelegt und siehe da: Sofort entstand bei meinen Mitarbeitern zusätzliche Kreativität. Plötzlich begannen die Damen an der Rezeption zu messen, wie viele Anrufe in der Zentrale ankamen: 3000 pro Monat. Dann maßen sie, wie viele überhaupt für das Hotel waren: nur 1300; 1100 Anrufe betrafen das Restaurant, 500 das Tagungszentrum und 100 Anrufe hatten einen privaten Grund. Und als Resultat habe ich die «Idee des Monats» auf dem Tisch: wir sollen die Direktwahl-Nummer überall publik machen – im Telefonbuch, auf Drucksachen und auf Aufklebern –, damit die Telefonzentrale entzerrt wird. Jetzt existiert der Schindlerhof 15 Jahre, doch bislang kam noch keiner auf diese Idee, sondern erst nachdem gemessen worden ist.

Wir messen inzwischen in vielen Bereichen. Wie viele der Zimmer müssen von der Hausdame nachbearbeitet werden, weil Kleinigkeiten nicht in Ordnung waren? Wie hoch ist der Minutenlohn, wenn nachgearbeitet wird? Aufgrund dieses Wissens können wir nun das Zimmermädchen des Monats prämieren.

Vorurteile abgebaut

Anfangs kam uns das alles als Bürokratie vor. Heute wissen wir, dass es einen Unterschied gibt zwischen Qualitätsmanagement und Bürokratie. Die Bürokratie erkennen Sie an den willkürlich und ohne Rücksicht auf den konkreten Nutzen festgelegten Schritten. Qualitätsmanagement dagegen zeichnet sich aus durch eine Folge festgelegter notwendiger Schritte zur Erreichung eines Ziels. TQM hat nur zwei Zielrichtungen – ständige Verbesserung und Steigerung der Kundenzufriedenheit –, also kann es doch gar keine Bürokratie sein. Und das hat letztlich auch unsere internen Skeptiker überzeugt.

Unser externer Berater hat festgestellt, dass sich bei uns heute alle – inklusive Azubis – einig sind: Es kann keine kontinuierliche Verbesserung ohne ständiges Messen geben.

6. Die zweite Bewerbung

Es gibt viele Firmen, die Erfolg haben. Aber es gibt leider nur allzu wenige, die ihre Erfolge auch gebührend feiern.

Qualität bieten, hinten anstehen und warten, bis sich das herum spricht – das funktioniert heute nicht mehr.

Ausdauer und Durchhaltevermögen

Die ausschlaggebenden Kriterien für den Erfolg eines TQM-Projektes heißen Ausdauer und Durchhaltevermögen, Sie werden nicht auf Anhieb nur Freude haben.

Nach Monaten arithmetischer Turnübungen stand nun die zweite Bewerbung an. Noch einmal gingen 35 DIN-A4-Seiten auf Englisch nach Brüssel. Vorher hatten wir uns extra noch einen Macintosh angeschafft, um noch schöner visualisieren zu können. Die Post war weg, und wieder stieg die Spannung im Team: Schaffen wir es wenigstens wieder so weit, dass wir Besuch bekommen?

Das Faxschreiben aus Brüssel traf ein, und schon prangte die Mitteilung unserer Souffleuse – die Beauftragte für Qualitätsmanagement – am Schwarzen Brett: «Soeben kam die Nachricht, dass wir es auch heuer geschafft haben! Ein Assessoren-Team wird uns in der letzten Juni-Woche wieder besuchen.»

Bewerbungskosten?

Ich öffne an dieser Stelle ein Fenster und spreche kurz über die Kosten. Wir Deutsche jammern dauernd, wir seien die Zahlmeister der EU. Dabei vergessen wir Unternehmer gerne, dass wir uns bei der EU auch bedienen können. Da gibt es nämlich jede Menge geldwerte Programme, die für einen Ausgleich sorgen. Ich kann Ihnen das am Beispiel unseres EQA-Abenteuers kurz aufzeigen:

- Bereits die Übersetzung der Bewerbung ins Englische wurde uns von Brüssel bezahlt.
- Wenn Sie vier internationale hochkarätige Assessoren – bei uns je einen aus Finnland, Spanien, Irland und Ungarn – buchen, um sich in fünf intensiven Tagen im Haus – plus Nachbearbeitung – ein Stärken-/Schwächenprofil erarbeiten zu lassen, dann sind Sie bei einem Consulting Unternehmen gut und gerne mit 100'000 oder 150'000

Mark dabei. Das gleiche kostet Sie im Rahmen der EQA-Bewerbung keinen Pfennig. Sogar die Hotelzimmer wurden bezahlt!

- Jeder, der in die enge Wahl kommt und von einem Assessoren-Team besucht wird, hat zusätzlich das Recht, vom Teamchef einen ganzen Tag lang nachgecoacht zu werden. Der kommt dann ein Vierteljahr später, wenn die Preisgeschichte vorbei ist, und muss sich keinerlei Zurückhaltung mehr auferlegen. Was dann kommt, ist Gold wert und – kostet alles nichts.

Assessoren-Besuch Nummer 2

Nach der brieflichen Ankündigung baute unsere «Souffleuse» sofort noch zwei halbtägige Schulungen ein, um auch diejenigen noch ins Projekt involvieren zu können, die vielleicht erst kurze Zeit vorher bei uns begonnen hatten. Dann kamen die Assessoren angereist.

Nun erhielten wir bestätigt, dass wir uns in den Messbereichen ganz schön gesteigert hatten. Zudem konnte ein weiterer Diamant hinzu gewonnen werden: Leadership/Führung wurde nun – neben dem Kriterium Nr. 3, Mitarbeiterorientierung – ebenfalls noch besser bewertet.

Der Anruf aus Brüssel

Nach einigen Wochen kam wieder ein Anruf aus Brüssel. Und da hieß es: «You are finalist again.» Das hat mich noch nicht vom Hocker gehauen. Dann sagte Herr Gallagher: «You are not only finalist, you are also prize winner.» Da blieb ich immer noch relativ ruhig. Und dann: «You are not only prize winner – you are the Award winner.»

Und dann ging im Schindlerhof natürlich die Post ab.

Ich habe nach dem Auflegen sofort bei unserer Floristin 55 Blumensträusse bestellt. Schon am Nachmittag feierten wir mit allen Mitarbeiterinnen und Mitarbeitern ein erstes Mal mit Champagner diesen Erfolg. Meine Frau und ich bedankten uns bei jedem Einzelnen und freuten uns riesig.

Es gibt viele Firmen, die Erfolg haben. Aber es gibt leider nur allzu wenige, die ihre Erfolge auch gebührend feiern ...

Im Lear-Jet nach Paris ...

Meine fünf Bereichsleiterinnen bzw. Bereichsleiter konnten 1998 eine Jahresprämie von 60 000 Mark erreichen. 10% der Jahresprämie waren abhängig von der Erreichung qualitativer Ziele. Also hämmerte ich noch am gleichen Tag die Aktennotiz in meinen PC: «An meine Führungskräfte – zehn Prozent der Jahresprämie sind fällig – bitte gleich beim nächsten Gehalt mit draufsatteln.»

Dann charterten wir zwei private Lear-Jets, in denen man sich gegenüber sitzt; es ist wie im Wohnzimmer: nur acht Plätze, vergoldete Türgriffe, eisgekühlter Champagner, Kaviar-Canapés. Ein Jet war für unsere Führungskräfte bestimmt, der zweite für ausgewählte Journalisten; mit dabei auch die ARD mit Kamera-Team.

... zur Preisverleihung

Die Preisverleihung fand in Paris statt, im Palais de Congrès, mit 2100 Teilnehmern. Für die Führungscrew des Schindlerhofs war in der ersten Reihe reserviert. Ich habe mich dann auf der Bühne natürlich als erstes bei meinen Mitarbeiterinnen und Mitarbeitern für die tolle Leistung bedankt, und zwar mit Uhren. Jaeger-LeCoultre REVERSO, die berühmte Uhr mit dem Dreh. Eine nummerierte Kleinserie von eins bis zehn, auf der Rückseite wurde von einem Meistergraveur der Award eingraviert.

Der Preis wurde überreicht vom französischen Wirtschafts- und Finanzminister – nicht besonders medientauglich allerdings. Doch Gott sei Dank war da noch jemand dabei, mit dem man Pressearbeit machen kann: Alain Prost, der ehemalige Formel-1-Champion. Auf diesen haben wir dann unsere Pressearbeit auch stark ausgerichtet.

Tue Gutes und sprich davon

Die Presse hat auch reagiert. Selbst in der Zeitung, die angeblich keiner liest, hatten wir eine Viertelseite. Im Vorfeld änderten wir bereits unsere Drucksachen. So ist heute schon auf der Rückseite der Briefumschläge der *European Quality Award* mit drauf.

Natürlich hatten wir uns auf die TQM-Geschichte vor allem deshalb eingelassen, um noch besser zu werden. Doch nachdem uns dies gelungen ist, muss darüber schließlich auch noch gesprochen werden, ganz nach dem Grundsatz: «Tue Gutes und sprich davon.»

Da können nach meiner Erfahrung vor allem unsere Schweizer Freunde noch einiges dazu lernen, die oft auch in wirtschaftlichen Belangen Mühe haben, ihre fast traditionelle Zurückhaltung im richtigen Moment abzulegen. Qualität bieten, hinten anstehen und warten, bis sich das herum spricht – das funktioniert heute nicht mehr. Vorne wird Kasse gemacht, und dorthin kommen Sie nur, wenn über Ihre 30-Prozent-Vorteile gegenüber den Mitbewerbern auch gesprochen wird.

Und noch ein Preis

Die Deutsche Gesellschaft für Qualität ist eine Tochter der europäischen Stiftung EFQM. Der Ludwig-Erhard-Preis wird nach den gleichen Kriterien vergeben. Da haben wir natürlich unsere Brüsseler-Bewerbung in Deutsch auch noch eingereicht; wir mussten nur noch ein paar Seiten ergänzen.

Vergeben wurde der Preis am 17. November 1998 in Berlin, und selbstverständlich sind wir da wieder mit der ganzen Führungsmannschaft angereist. Wieder war ganz ordentlich Presse da, wir hatten unseren Spaß, und seit 18. November 1998 steht nun auch der Ludwig-Erhard-Preis bei uns im Schindlerhof.

So viel zum äußerlichen Ablauf unseres Abenteuers.

II Anwendungsbeispiele
aus dem Schindlerhof

Nachfolgend gehe ich auf Einzelheiten einiger Kriterien etwas näher ein. Ich bleibe überall dort kürzer, wo detailliertere Ausführungen bereits im Buch «Virtuoses Marketing» zu finden sind und sich keine wesentlich neuen Aspekte ergeben.

Da Sie sehr viele Details systematisch geordnet in der EQA-Bewerbung finden, picke ich nur Einzelheiten auf und konzentriere mich auf die Themen, die uns auszeichnen und für den Gewinn des EQA wohl auch ausschlaggebend waren. Die Haupttitel orientieren sich deshalb nicht an der EQA-Systematik. Ich verweise nur dort auf ein bestimmtes EQA-Kriterium, wo es mir wichtig scheint.

1. Führung, Unternehmenspolitik und Strategie

TQM gilt inzwischen bei meinen Banken bereits als die höhere Sicherheit als eine Bilanz, die vielleicht zufällig gut war, oder als irgendeine dingliche Sicherheit.

Wer nicht weiß, wohin er will, der muss sich nicht wundern, wenn er ganz woanders ankommt (Mark Twain).

Ich biete menschengerechte Arbeit sowie Wohlbefinden im Unternehmen und ernte – Gewinn.

Das Jahrtausend der Männer geht sehr bald zu Ende. Frauen haben die Power – Männer verkommen zu Lustobjekten, was ja auch nichts Schlechtes ist.

Ich habe mir im Lateinunterricht nur einen Satz gemerkt: Lieber der erste Mann in Kleinbonum als der zweite Mann in Rom.

… mental verankert im Mitarbeitermarkt von Kiel bis Meran. Da können Sie fast jeden Hotelier fragen. «Schindlerhof Nürnberg? Das ist doch der Verrückte mit dem Führungsmodell!»

Corporate-Design hört immer dort auf, wo der Mensch beginnt.

Es gibt nur drei Methoden, um leben zu können: betteln, stehlen oder etwas leisten. In unserer Gesellschaft entscheiden sich immer mehr für eine Mischung aus betteln und stehlen. Leistung lohnt nicht mehr. Da wird Gegensteuer zum Gebot der Menschlichkeit.

TQM – bares Geld wert

TQM ist nicht nur das Steckenpferd eines qualitätsbesessenen Unternehmers, Beschäftigungsprogramm für Mitarbeiter und saumäßig viel Arbeit. Nein, TQM führt zu einem klar erkennbaren Mehrwert im Unternehmen. Ich versichere Ihnen: TQM gilt inzwischen bei meinen Banken bereits als höhere Sicherheit als eine Bilanz, die vielleicht zufällig gut war, oder als irgendeine dingliche Sicherheit. Eine Bilanz ist immer von gestern, kann heute schon wieder ganz anders aussehen, und auch eine dingliche Sicherheit schmilzt in der heutigen Zeit schnell dahin. Aber TQM ist für eine Bank ganz schön wertvoll, und ich bin überzeugt, es dauert nicht mehr lange, und TQM wird bei den Banken ganz offiziell in Beurteilungen prioritär einfließen. Das sollten Sie sich immer dann in Erinnerung rufen, wenn Ihnen das Erfüllen der planerischen Hausaufgaben in Sonntags- oder Nachtstunden fast zu viel wird.

Die magische Kraft der strategischen Planung

Mark Twain sagte einmal: «Wer nicht weiß, wohin er will, der muss sich nicht wundern, wenn er ganz woanders ankommt.» Sie sehen, bereits Twain wusste um die Wichtigkeit einer Vision und der Zielarbeit.

Der Umkehrschluss springt geradezu aus diesen Worten Mark Twains: Wer weiß, wohin er will, hat keinen Grund mehr, dort nicht anzukommen. Es kann bei einer schwierigen Sache schon einmal sein, dass es Verzögerungen gibt oder einen Anlauf mehr braucht als geplant. Aber Sie kommen dort an. Das hat mit der Magie der strategischen Planung zu tun, die übrigens nur gerade von 3% der deutschen Klein- und Mittelunternehmen überhaupt angewandt wird. Aber diese 3% erzielen um 46% höhere Gewinne. Wir gehören dazu.

Vision

John Naisbit sagt: Jede strategische Planung ist wertlos, es sei denn, Sie haben eine strategische Vision. Ein Skipper muss auch zuerst den Hafen wissen, wo er hin will, bevor er sich Gedanken machen kann über die nächsten zwölf Seemeilen. Kurzfristiges Denken, das nur nach dem cash-flow im kommenden Jahr fragt, das kann doch nicht am Anfang stehen. Ich brauche erst einmal eine lang ausgerichtete Vision.

Leitbild

Dieser «Hafen» wird festgelegt im Leitbild eines Unternehmens. Dazu gehört der Zweck des Unternehmens: Warum existiert die Kiste überhaupt? Dann geht es um erste grobe strategische Ausrichtungen. Sie setzen sich Leitplanken, innerhalb derer sich Ihr Unternehmen bewegen soll. Es geht um langfristige Ziele, bei denen sich auch ein wenig Wunschdenken einschleichen darf – weil es uns halt mehr Freude macht, Ziele zu verfolgen als Ziele zu erreichen.

Kein Wert ohne Verhaltensnorm

Und dann geht es um ein Begriffspärchen: Werte und Verhaltensnormen. Diese sollten Sie nie getrennt sehen, weil die Wertvorstellungen lediglich Worthülsen sind. Erst die Verhaltenspraktiken dazu sind das Fleisch am Knochen. Wenn Sie als Wert ins Leitbild hineinschreiben: «Der Kunde steht im Mittelpunkt», dann ist das fein, aber Sie brauchen die entsprechenden Verhaltensnormen.

Zwei Beispiele von Verhaltensnormen, die diesen Wert unterstützen:

* Im Modehaus Barneys können Sie Schuhe umtauschen, die Sie nicht einmal dort gekauft haben.
* Das Versandhaus «Land's end» gibt lebenslange Garantie auf alles, was Sie dort einkaufen.

Dieses zweite Beispiel habe ich bereits im Buch «Virtuoses Marketing» aufgeführt. Was ich damals allerdings noch nicht wusste, war: Diese lebenslange Garantie wurde neulich bei uns in Deutschland verboten. Guten Service zu bieten ist in diesem Land offensichtlich nicht erlaubt.

Die Begriffe «Werte» und «Verhaltensnormen» müssen Sie also mit Inhalt füllen, und zwar so kurz und prägnant wie möglich:
*   gegenüber Ihren Kunden,
*   gegenüber Ihren Lieferanten,
*   gegenüber der Umwelt/Natur,
*   gegenüber Ihren Mitarbeitern.

Wohlbefinden der Mitarbeiter – lohnende Investition

Ich vertiefe im Folgenden nur den Bereich «Mitarbeiter», öffne aber zuerst noch ein Fenster: Was heute an Preisen und Auszeichnungen bei uns im Empfang steht und meinen Gästen aus den Schaukasten entgegenlacht, das haben in erster Linie meine Mitarbeiter und Mitarbeiterinnen angekarrt. Mein Verdienst daran ist, dass ich sie habe machen lassen, dass ich in meinem Unternehmen auf beiden Seiten des Geschäfts bedingungslos den Menschen in den Vordergrund gestellt habe und nicht bloß kundenseitig. Nur so konnte sich bei uns das Team zum Perpetuum Mobile wandeln.

Die eine Seite meines Motivs: Ich liebe den Menschen. Dazu stehe ich. Bin schließlich auch einer davon.

Wer nun aber glaubt, mein Kick erschöpfe sich in einer quasi postmarxistischen Ideologie, ist auf dem Holzweg: Meine Haltung rechnet sich. Und wie! Unsere Schindlerhof-Zahlen belegen dies genauso wie beispielsweise auch eine Studie, die die amerikanische Ökonomin Linda Grant mit einem Experten-Team letztes Jahr für das US-Wirtschaftsblatt «Fortune» durchführte. Die haben die 100 belegschaftsfreundlichsten US-Firmen ermittelt und mit 3000 in ihrer Struktur ähnlichen Unternehmen verglichen. Die Jahreserträge von 61 der 100 Betriebe lagen mehr als 50% über dem Durchschnitt der 3000 Vergleichsunternehmen. Der Zehn-Jahres-Vergleich führte zum gleichen Ergebnis.

Ich biete menschengerechte Arbeit sowie Wohlbefinden im Unternehmen und ernte – Gewinn. Der Offenbacher Trainer Peter Weckesser, ein regelmäßiger Gast bei uns, schrieb uns kürzlich Folgendes: «Die beiden W's der exzellenten Kundenorientierung – Willkommen sein und wohl fühlen – werden vom Schindlerhof so perfekt praktiziert, dass der Gast von sich aus noch zwei W's hinzufügt: wieder kommen und weiter empfehlen.» Die Beratungsgesellschaft Ernst & Young gibt noch eins drauf: Institutionelle Anleger, halten die in einem Bericht fest, würden häufiger auf Unternehmen setzen, die dafür bekannt sind, dass sie talentierte Mitarbeiter anziehen.

Werte und Verhaltensnormen gegenüber Mitarbeitern

Wir bieten unseren Mitarbeitern drei Werte an auf der Grundlage der Sinnvision von meiner Frau und mir.

Freude und Spaß

Der erste Wert heißt: Freude. Hedonismus und Leistungslust gehören dazu. Wir haben im Schindlerhof die Arbeit Freizeit ähnlich gestaltet. Und da gibt es eine ganze Menge Verhaltensnormen, die das unterstützen. Bei uns gibts keine Uniformen; jeder, der will, besucht Seminare in *personality styling*; es kann jeder anziehen, worin er sich wohl fühlt; wir haben keine Namensschilder, sondern jeder hat seine Visitenkarte.

Bei uns wird unheimlich viel gelacht. Da zuckt doch kein Kellner, wenn ein Gast vor ihm steht. Wir haben Hierarchie-Verhalten abgeschafft; ich krieg genauso viel Zoff wie ein Lehrling in der ersten Woche. Freizeit ähnlich gestaltet – wir haben einen Riesenspaß zusammen.

Freiheit in Kleinbonum und – Harmonie

Der zweite Wert heißt: Freiheit. Ich habe mir im Lateinunterricht nur einen Satz gemerkt: Lieber der erste Mann in Kleinbonum als der zweite Mann in Rom. Das geht mir über alles, und das übertrage ich jetzt in Form eines Wertes auf meine Mitarbeiter. In den Verhaltensnormen sieht das so aus: Höchste Entscheidungsspielräume, Fehler machen dürfen, niemanden fragen müssen, selber investieren dürfen etc. Wir haben bei Riz Carlton in USA gesehen: Wenn ein Zimmermädchen einen schlechten Staubsauger hat, dann muss sie keine Hausdame fragen und auch keinen Antragszettel an Vorgesetzte ausfüllen, sondern sie kauft einfach einen Besseren. Sie kann für ein paar hundert Dollar über Investitionen alleine bestimmen. Da gibt es doch noch Unternehmen, wo die Leute ab tausend Mark eine zweite Unterschrift brauchen; da wird nach dem Misstrauensprinzip der vier Augen gearbeitet – das Gegenteil von Freiheit.

Der nächste Wert ist sehr stark geprägt von meiner Frau: Das Streben nach Harmonie!

Die Wirkung

Diese drei Werte muss ich jetzt nur noch meinen Mitarbeiterinnen und Mitarbeitern vermitteln, und schon organisiert sich im Unternehmen alles von alleine. Das wusste schon St. Exupéry, nur habe ich kein Schiff zu bauen, sondern ein Hotel an die Spitze zu führen. Deshalb wecke ich bei den Leuten nicht die Sehnsucht nach dem weiten Meer, sondern die Lust nach Freizeit ähnlicher Arbeit bei höchsten Entscheidungsspielräumen in einem Team, das sich sehr freundschaftlich verbunden ist.

Damit bin ich mental verankert im Mitarbeitermarkt von Kiel bis Meran. Da können Sie fast jeden Hotelier fragen. «Schindlerhof Nürnberg? Das ist doch der Verrückte mit dem Führungsmodell? Dienstwagen für Lehrlinge und Wunschgehälter für die Führungsleute?»

Viel Individualität …

Jetzt will ich diese Freizeit ähnliche Arbeit nicht einfach so stehen lassen. Ich vertiefe noch etwas weiter: Wir haben im Schindlerhof zwei Ziele für unsere Arbeitsgestaltung. Das erste Ziel lautet: So viel Individualität wie möglich zulassen zugunsten der Selbstentfaltung des einzelnen Mitarbeiters. Ich kenne drei Möglichkeiten, *Company spirit*, Teamgeist, kollektives Bewusstsein zu erzeugen.

Die erste Möglichkeit nutzt das Militär: gleichmachen. Sie sehen auf dem Parkplatz den dunkelgrauen Baby-Benz, 16-Ventiler, und wissen: Aha, Hauptabteilungsleiter mit soundsoviel Quadratmeter Bürofläche und Anrecht auf ein Bild an der Wand – frei wählbare Alternative: Gummibaum statt Bild. Aber bitte: Es funktioniert! Wunderbar.

Als zweite Möglichkeit funktioniert auch NLP. Aber wir praktizieren halt eine andere. Wir gehen her und sagen: Menschen sind wie Steine, kantig und schrullig – wir wollen sie auf keinen Fall verändern. Unsere Organisation soll der Mörtel sein, der sich um diese Steine schmiegt. Das heißt im Klartext: *Corporate-Design* hört immer dort auf, wo der Mensch beginnt. Es gibt keine *corporate fashion*. Die entwickelt sich sicher auch, aber der Einzelne muss sie nicht voll übernehmen.

… wenig Konformität

Unser zweites Ziel für die Arbeitsgestaltung lautet: soviel Konformität wie nötig.

Sie müssen sich das folgendermaßen vorstellen: Wir geben im Team einfach ein paar Eckpunkte vor, die unumstößlich sind. Ein Eckpunkt heißt *Service Design*. In diesem Jahr ist als weiterer Eckpunkt dazugekommen: 31% *gros operating profit*, GOP, ist bei mir abzuliefern. Ein anderer Eckpunkt heißt TQM/ISO – alles, was in den OHB steht und wir prozessual beschrieben haben, muss eingehalten werden.

Innerhalb dieser wenigen Eckpunkte können sich die Leute völlig frei entfalten. Aber Konformität ist nötig, so weit sie für die Zielerreichung unabdingbar ist.

Arbeit ist mehr als schuften

Ich sehe Arbeit als *die* Chance zur Sinnverwirklichung. Arbeit heißt schöpferische, produktive Werte verwirklichen. Arbeit ermöglicht es, Einzigartigkeit und Einmaligkeit für andere und mit anderen zum Ausdruck zu bringen. Das können Sie sonst nur noch über die Familie erreichen. Wie kann so etwas negativ besetzt sein, wie dies leider immer noch bei vielen der Fall ist.

Professor Viktor Frankl aus Wien (dritte Wiener Schule nach Freud und Adler) kreierte und lehrte bis zu seinem Tod vor knapp zwei Jahren die sogenannte Logo-Therapie. Er hatte herausgefunden, dass wir nicht nur nach Lust und nach Macht streben, sondern vor allem nach Sinn. Und das ist es, was in ein Leitbild hineingehört: Arbeit als schöpferischer Wert.

Es gibt nur drei Methoden, um leben zu können: betteln, stehlen oder etwas leisten. In unserer Gesellschaft entscheiden sich immer mehr für so eine Mischung aus betteln und stehlen. Leistung lohnt nicht mehr. Da müssen wir doch Gegensteuer geben. Das ist schon ein Gebot der Menschlichkeit. Und es geht nur, indem wir der Arbeit wieder diese hohe Wertschätzung geben, wie sie dem urmenschlichen Bedürfnis auch entspricht.

Die schönste Zeit des Jahres …?

Nun gibts in unserem Land auch noch jede Menge Leute, die der Meinung sind, Urlaub sei die schönste Zeit des Jahres. Die sollten auf ihren Grabstein schreiben: «Ungebraucht zurück.» Ja, fragen Sie mal den Schuhmacher, was schöner ist, Boxen-Stopps oder Runden drehen. Der wird Ihnen doch sagen: «Ich brauche die Stopps, um Benzintank und andere Reservoires aufzufüllen, und dann freue ich mich auf die nächsten Runden, bis die Reifen Blasen kriegen.» Aber Urlaub soll die schönste Zeit des Jahres sein?! Hierzu habe ich einen Satz von George Bernhard Shaw gefunden: «Urlaub ohne Unterlass wäre ein gutes Training für den Aufenthalt in der Hölle.» Recht hat er.

«Der Wille zum Sinn», sagte Professor Frankl, «bestimmt unser Leben.» Also gilt: Wer Menschen motivieren will und Leistung fordert, der muss Sinnmöglichkeiten bieten.

Umsetzungsbeispiel: Leitbild einer regionalen Sparkasse

Ich gebe Ihnen ein kleines Beispiel aus einer bayrischen Sparkasse und zitiere aus dem Leitbild: «Unsere Geschäftspolitik ist nicht auf Gewinnmaximierung ausgerichtet, sondern Aufgaben orientiert.» Das ist ein Wert. Die Verhaltensnorm dazu: «Wir fördern die einheimische Wirtschaft.» Im Verwaltungsrat dieser Sparkasse sitzt meistens auch der Bürgermeister. Da wird nicht nur über das Konzept geredet, sondern auch gefragt: Wie viele Arbeitsplätze werden in der Region entstehen? Wird der Junge in drei Jahren auch die Gewerbesteuer aufbringen können? Das sind Werte und Verhaltensnormen in einer Sparkasse. Da hätte ich schon Freude, mich gleich zu bewerben, wenn ich sehe: Da gehts nicht um *shareholder value* allein.

Schließlich fand ich bei dieser Sparkasse noch eine interessante Verhaltensnorm: «Auch die größten Entscheidungen werden schnell vor Ort und nicht in einer fernen Zentrale gefällt.» Es gibt ja Banken, da überzeugen Sie erst die Leute vor Ort; dann wird Ihr Konzept an wildfremde Leute nach Frankfurt weitergereicht, und die sagen dann: «Njet.» Haben Sie halt Pech gehabt.

Wenn Sie sich Leitbilder von Unternehmen anschauen, dann sagt dies viel mehr über den Ethik-Codex aus als die geilste Imagebroschüre. Gerade in der Hotellerie gibt es die tollsten Hausprospekte und was ist abgebildet? Bidets und Badewannen! Die sehen immer gleich aus, das sagt überhaupt nichts über das Unternehmen aus.

Sinnverwirklichung im Unternehmen
= Produktivität

Wenn Mitarbeiter in Sinn-Not sind, dann ist die Führung nicht in Form. Wenn es ein Unternehmer über seine Philosophie, mittels seines Leitbildes schafft, dass sich seine Mitarbeiter noch stärker als bisher mit dem Unternehmen identifizieren, dann führt das automatisch zu einer höheren Produktivität. Identifikation mit den Werten eines Unternehmens ist Produktivität. Werteverwirklichung ist Sinn-Erfüllung.

Es gibt leider keine Statistik, wie weit sich die Produktivität alleine über eine spürbar gelebte Unternehmenskultur auswirkt. Ich kenne nur die Untersuchung von Linda Grant, die ich bereits zitiert habe. Aber ich schätze, dass sich in meiner Branche so zwischen 30'000 bis 50'000 Mark an höherer Produktivität pro Mitarbeiter alleine darüber ergeben.

Bei uns heißt das Leitbild «Spielkultur» und wird alle drei bis vier Jahre überarbeitet. Denn die Werte der nachfolgenden jüngeren Generationen ändern sich auch ständig. Mit diesen Werteordnungen müssen wir uns immer wieder auseinander setzen und uns anpassen.

Was wir bei uns in die Unternehmenskultur und damit in die Mitarbeiterinnen und Mitarbeiter investieren, hat sehr viel zum Gewinn des EQA beigetragen. Damit bin ich nun bereits in den anderen wichtigen Bereich gewechselt, der bei uns ebenfalls mit höchster Sorgfalt betrieben wird: die Planung.

Periodenzielplan

Neben dem Leitbild gibt es bei mir den Periodenzielplan. Der enthält die mittelfristigen Unternehmensziele, und ich habe ihn jeweils an meinem Geburtstag angemacht: 35, 42, 49. Ich messe der Zahl sieben eine besondere Bedeutung zu, und da bin ich nicht allein. Rudolf Steiner, der Anthroposoph, sagte mal: «Der Mensch wird mit 49 erst zum Menschen.» Aber wenn Sie nicht daran glauben, dann nehmen Sie fünf – das ist auch recht.

Mein *roadbook* – der Jahreszielplan

Das wichtigste Steuerungsinstrument in meinem Unternehmen ist der Jahreszielplan. Wenn ich das mit einer Ralley vergleiche, dann ist das Leitbild das Ziel, wie bei der Ralley Monte Carlo das Hotel de Paris, Monaco. Es nützt Ihnen aber gar nichts, wenn Sie dort oben am Col de Tourini bei Dunkelheit und Schnee rumdriften. Da nützt Ihnen nur das Gebetbuch des Beifahrers, das *roadbook*, das der auf den Knien liegen hat: «Vollgas, dritter Gang, Linkskurve …» Nur das ist in diesen Momenten dann alltagstauglich. Und mein *roadbook* ist eben der Jahreszielplan. Den habe ich täglich in der Hand, und der ist zerfleddert, weil wir eben damit arbeiten. Und trotzdem benötige ich natürlich das Endziel, denn sonst schaffe ich vielleicht die Berge, komme aber plötzlich in Marseille raus und nicht in Monaco.

Monatsberichte und Tageszahlen

Das nächste Instrument sind die Monatsberichte, mit denen Rechenschaft abgelegt wird über das Erreichte. Und die kleinste Einheit dieser Planung schließlich bilden bei uns diese täglichen Soll-/Ist-Vergleiche, die auch dann am Schwarzen Brett hängen, wenn ich nicht da bin. Bin ich beispielsweise an einem Kongress in München, dann kriege ich schon morgens um sieben die Zahlen zugefaxt. Ich mache meine Smilies drauf, meine Kommentare und faxe sie zurück. Zwei Minuten später hängts am Schwarzen Brett und jeder denkt: Der Alte ist in seinem Büro.

Von allen Planungsinstrumenten ist bei uns die Jahreszielplanung mit Abstand das bedeutendste. Die mehrtägige Jahreszielplantagung mit all unseren Führungskräften steht im Mittelpunkt. Auch hier wird der geneigte Leser möglicherweise vom Aufwand abgeschreckt, wenn er den Weg sieht, wie der erarbeitet wird und zur Umsetzung gelangt. Jedenfalls dann, wenn er das Instrument noch nicht kennt.

Aber ich kann Sie beruhigen: Ist das Instrument erst einmal eingeführt und von allen Mitarbeitern ernst genommen, dann rechnet sich das allemal, und Sie können gar nicht mehr darauf verzichten.

Jahreszielplantagung

Zu diesem Thema finden Sie in «Virtuoses Marketing» den Ablauf minutiös nachgezeichnet. Ich beschränke mich deshalb auf das Wichtigste, öffne einige zusätzliche Fenster und füge Aktualitäten hinzu.

Portfolio-Analyse

In den ersten zwei Tagen der Zielplantagung erarbeiten wir unsere Ziele mit einem externen Berater. Wir überwinden die Betriebsblindheit und die Verliebtheit in unseren Betrieb über den Beizug eines Externen. Analyse-Arbeit und Strategie-Entwicklung geht nur mit externem Berater.
In der Analyse erforschen wir zuerst die Marktattraktivität:

- Wie groß ist der Markt?
- Wie stabil ist der Markt?
- Bewegt er sich nach oben oder nach unten?
- Wie sieht es mit den Mitbewerbern aus?
- Wie sieht das Preisniveau aus?

Dann sehen wir unsere eigene Wettbewerbsstellung in diesem Markt an:

- Wie gut sind wir in diesem Markt?
- Wie groß ist unser Kuchenstück darin?
- Wie groß ist die Ertragskraft unseres Unternehmens?
- Wie einzigartig ist unser Unternehmen («Uniqueness»-Kriterien)?
- Wie gut ist unser Beziehungsmanagement?
- Wie sehen unsere eigenen Preise in diesem Markt aus?
- Was halten wir selber von unserem eigenen geistigen Know-how?

All diese Ergebnisse tragen wir in die Portfolio-Matrix ein und sehen dann auch, wo wir im Lebenszyklus stehen, ob wir schon bald einen Relaunch planen müssen. Da wir die Portfolio-Analyse jährlich machen, ist die Gefahr nicht allzu groß, dass wir uns plötzlich am *point of no return* finden. Wenn Sie diesen Moment verschlafen und den *turnaround* schaffen müssen, dann müssen Sie sehr viel Geld in die Finger nehmen. Nun zeichnen wir nicht nur die Ist-Analyse in diese Matrix ein, sondern auch eine Soll-Analyse. Wohin wollen wir uns denn bewegen? Und aus der Analyse heraus können wir jetzt Strategien ableiten.

Das Wichtige an der Portfolio-Arbeit ist weniger die millimeterhafte Präzision. Wichtig ist der Prozess, die Diskussionen, die da ablaufen, und das Bewusstsein, das da entsteht.

Die Diskussion: ping pong ping pong ...

Natürlich sind diese Planungstage geprägt von intensivem Meinungsaustausch. Nun gibt es zwei Diskursformen: Die Diskussion und den Dialog. Die Diskussion ist eine Ping-Pong-Spielart; der Ball wird hin und her geschlagen, jeder will gewinnen. Jeder versucht, seine Meinung durchzusetzen. Tolle Sache, vor allem Männer lieben das unheimlich, immer ping pong ping pong ... Das ist auch wichtig, um die Probleme herauszuschälen und richtig anzuschauen.

Der Dialog: mit den Augen des anderen

Wenn Sie aber nicht zum Dialog kommen, können Sie einen sinnvollen Nutzen aus der Diskussion vergessen. Beim Dialog stellt der Einzelne seine Annahmen einfach so vor sich hin, ist völlig ungeschützt und versucht, die Welt mit den Augen des Anderen zu sehen. Der Kostenmanager sieht sich die Welt mit den Augen des Marketingmanns an. Nur im Dialog ist es möglich, dass ein Team zu Einsichten gelangt.

Der Intelligenz-Quotient eines Teams, das so arbeitet, kann höher sein – kann, muss nicht – als der IQ jedes einzelnen Teammitglieds. Wir beobachten uns natürlich genau, wenn wir so tagelang zusammensitzen. Und dann heißt es immer wieder: «Aha, jetzt sind wir wieder im Ping-Pong; wir sollten schon wieder einmal in den Dialog wechseln». Wir gelangen durch die bewusste Anwendung der beiden Gesprächsformen zu ganz anderen Einsichten.

Vorteil Powerfrauen

Natürlich haben wir da gewisse Vorteile, weil wir ein von Frauen geführtes Unternehmen sind, 80% Frauen-Anteil. Powerfrauen. Wenn Sie sich mit Trends beschäftigen, dann kennen Sie wohl Faith Popcorn, die sagt: «‹Female think› ist ein Megatrend. Das Jahrtausend der Männer geht sehr bald zu Ende. Frauen haben die Power – Männer verkommen zu Lustobjekten» – Was ja auch nichts Schlechtes ist.

Nach den beiden Tagen für Analyse und Strategien verabschieden wir unseren externen Berater (es ist immer Roland Berger aus Muri/Bern) und machen dann alleine weiter.

Nicht Erledigtes aus dem Vorjahr

Manchmal kann es auch vorkommen, dass etwas nicht erledigt worden ist, weil wir unsere Meinung geändert haben. Dann halten wir es mit unserem Adenauer: «Was interessiert mich mein Geschwätz von gestern.»

Noch immer werden alle Budgets von meinen Führungsmitarbeitern selber gemacht, und zwar vor der Jahreszielplantagung, zuhause in der Freizeit. Sonst würden nämlich die sechs Tage gar nicht reichen, die wir insgesamt hierfür aufwenden.

Zuwachs

Jetzt haben wir Jahre hinter uns nicht nur mit historisch tiefer Teuerung, sondern auch mit Rezession. Trotzdem habe ich bis heute daran festgehalten, jährlich den realen Zuwachs zu fordern. Ohne Zuwachs kein Vergnügen. Wachstum ist der reine Sauerstoff für ein Unternehmen. Und ich lasse mir von niemandem einreden – auch nicht bei hohen Auslastungen, wie wir sie fahren –, dass es keine Zuwachsmöglichkeiten mehr gibt.

Manchmal sind es vorgegebene außerordentliche Ereignisse, die man packen kann, manchmal muss man diese halt aus dem Acker reißen.

Letztes Jahr zum Beispiel sah ich im Budget der Hotelbereichsleiterin für den Monat Dezember 1999 praktisch den gleichen Umsatz, wie sie ihn für den Vorjahresmonat noch geschätzt hatte (die Tagungen finden immer im November statt). Da sage ich: «Moment mal, da muss doch was passieren.» Mit dem Millenium liegt doch bereits ein außerordentlicher Anlass auf der Straße, den wir nur noch aufzuheben brauchen. Und schon war die Zahl 5% höher.

Und diesen höheren Umsatz wird sie auch erreichen. Denken Sie an Hans Leu: Sein Fünfstern-Hotel, das Giardino in Ascona, ist normalerweise von November bis Mitte März geschlossen. Im Sommer 1998 kreierte Leu einen mehrtägigen Silvester-Event zur Jahrtausendwende und schrieb diesen für seine Stammkunden aus. Kostenpunkt: 18'000 Schweizer Franken im Doppelzimmer. Das Ergebnis: ausgebucht, bereits drei Wochen nach der Ausschreibung.

Kleiner Landgasthof mit einer Million Gewinn

Neu ist heuer, dass wir mit Tagungszentrum und unseren 71 Hotelzimmern zum ersten Mal auf über zehn Millionen Mark Umsatz kommen. Natürlich kam jetzt unser Tagungsneubau DenkArt ab 21. März 1999 dazu. Und wir werden mit unserem Landgasthof rund eine Million Mark Gewinn machen.

Für den Gewinn gibts eine Spielregel bei uns im Haus, dass etwa die Hälfte des zu erwartenden Gewinns von meiner Frau und mir völlig undemokratisch zurückbehalten wird. Als Sicherheitsreserve für Steuerzahlungen, als Sicherheitsreserve für Kostenüberschreitungen oder auch für den Fall, dass der Umsatz nicht so kommt, wie er geplant ist. Und die andere Hälfte – 1999 DM 500'000 – werden sofort freigegeben für die von den Mitarbeitern vorgeschlagenen Investitionen und gewünschten Verbesserungen, was wir ebenfalls alles an unserer Jahreszielplantagung vorbesprechen.

Weitere Einzelheiten finden Sie in «Virtuoses Marketing» auf den Seiten 77 bis 112.

2. Die ständigen Verbesserungen/KVP

Die Qualität des KVP ist der Fiebermesser der Mitarbeitermotivation. 40,8°
– höchstes Fieber, durchlauferhitztes Blut durch den ständigen Stress auf der
Suche nach einem Vorschlag, der dem Chef schmecken könnte.

Bei uns heißt das Formular für Verbesserungsvorschläge der Mitarbeiter
Ideenblatt und ist auf der «KISS»-Formel aufgebaut: Keep it simple and stu-
pid.

Trotz ständig neu eingehender Verbesserungsvorschläge entsteht bei uns kein
Investitionsstau, denn jeder Mitarbeiter weiß: Ich muss nicht nur einen
Vorschlag machen, sondern ihn auch selber umsetzen.

Mir passt die Verbesserungsmentalität nicht à la «Chef, ich hätte da noch 'ne
bessere Idee – was krieg ich denn dafür?»

Die Stunde der Wahrheit

Nehmen Sie in Ihrem Betrieb den kontinuierlichen Verbesserungsprozess (KVP) auseinander, dann schlägt die Stunde der Wahrheit. Die Qualität des KVP wird bestimmt durch Ihre Mitarbeiter und ist der Fiebermesser der Mitarbeitermotivation. 36,0° – Untertemperatur; ein Kommen und Gehen, aber nur zwei Mal am Tag: erscheinen am Arbeitsplatz um acht und pünktliches Weglegen des Löffels um fünf. Ihre Leute sind pünktlich, mehr nicht. Sie haben es nicht geschafft, Identität mit dem Unternehmen zu vermitteln und Begeisterung auszulösen. 40,8° – höchstes Fieber; durchlauferhitztes Blut durch den ständigen Stress auf der Suche nach einem Vorschlag, der dem Chef schmecken könnte. Der Mitarbeiter getraut sich gar nicht, auf sein Fachwissen abzustellen. Sie leben eine überkommene Unternehmenskultur, wo der Chef alles und vor allem alles besser weiß.

Hausaufgaben

Einen qualitativ hochstehenden KVP zu erreichen, bedingt zweierlei. Zum einen brauchen Sie grundsätzlich motivierte Mitarbeiter in einem menschengerechten Arbeitsumfeld. Das hat mit *leadership* und Unternehmenspolitik zu tun – Hausaufgaben. Dazu habe ich mich schon geäußert.

Die andere Seite hat wieder mit ausgeklügelten Prozessen zu tun, mit dem Erarbeiten und Zur-Verfügung-stellen der Instrumente: das planmäßige Einbinden der Mitarbeiterinnen und Mitarbeiter.

Ideenquelle aktivieren

Wie kann das nun konkret aussehen? Was können Sie tun, damit die Ideen Ihrer Mitarbeiter nur noch so sprudeln? Ich kann Ihnen meine Rezepte offenlegen.

Vereinfachen Sie Ihr Formularwesen. «In meinem Gebiet würde eine Veränderung die nachstehenden Vorteile monetärer, terminlicher, struktureller …» Es lässt sich alles auch geschwollen ausdrücken. Gerade in diesem Bereich hat sich seit 1995, dem Erscheinen von «Virtuoses Marketing», einiges verbessert.

Ideenblatt nach der KISS-Formel

Bei uns heißt das Formular «Ideenblatt»; da weiß auch der Chef, was gemeint ist.
• «So sieht die Sache jetzt aus: …» Da schreibt der Mitarbeiter hin, was ihn stört.
• «Mein Veränderungsvorschlag ist: …» Nach diesem Satz kann er hineinschreiben, wie er es gerne hätte.

Weil wir aber nichts verändern wollen, wenn es keine Verbesserung bringt, will ich wissen: Wo ist denn die Verbesserung? Und auch hier ist unser Formular auf der «KISS»-Formel aufgebaut: *Keep it simple and stupid.*

Wir fragen also nicht nach 25 neudeutschen Spezialausdrücken wie *corporate identity*, sondern wir fragen nach
• Zeit
• Geld
• Wohlbefinden
• Umweltnutzen
• Kundenzufriedenheit

Das sind für mich zur Zeit die fünf wichtigsten Kriterien, um Verbesserungen auf ihre Sinnhaftigkeit zu prüfen.

Der liebevolle Druck

Mein zweiter Tipp: Lassen Sie sich von keinem Mitarbeiter einreden, dass es Arbeitsplätze geben könnte, wo man nicht einen kleinen Verbesserungsvorschlag pro Monat abliefern kann. Im Schindlerhof ist es Pflicht, dass jeder Mitarbeiter ein Ideenblatt pro Monat abliefert – es ist nicht freiwillig. Ich habe schon einmal darauf hingewiesen: Sie wollen von A nach B, wollen ein lebendiges Vorschlagswesen; es geht nicht auf direktem Weg, also: kleiner Umweg über liebevollen Druck.

Diese kleine Pflichtübung bietet Ihnen zudem die wunderbare Möglichkeit festzustellen: Wie stark ist ein Mitarbeiter mit dem Unternehmen identifiziert? Wie stark interessiert ihn sein Arbeitsplatz? Ist es nur ein Ort, wo er sein Geld verdient, oder ist es eine Art geistige Heimat, wo er sich rundum wohl fühlt? Arbeitet er so, als wenn es sein eigener Laden wäre, dann wird er nämlich auch dauernd etwas verbessern.

Und anhand dieser Ideenblätter kann man dann auch an den Mitarbeiter-Orientierungsgesprächen, die zweimal jährlich stattfinden, sehr schnell sehen, ob da eine Gehaltserhöhung, eine Beförderung, eine Prämie angezeigt ist oder eben nicht.

Vorschlagen, genehmigen, umsetzen

Jetzt bekomme ich vierteljährlich aus allen Leistungsbereichen Aufstellungen mit den abgegebenen Vorschlägen. Drei Rezeptionistinnen haben bei mir im ersten Quartal 1998 nicht neun Verbesserungsvorschläge abgeliefert, sondern 42. Da wird einem ja himmelangst. «Was ist denn das für ein miserabler Betrieb?» könnte man sich fragen. Falsch, das Gegenteil ist der Fall. Hat sich der Prozess erst einmal eingespielt, ist das Ausdruck von Qualität: Ihre Mitarbeiterinnen und Mitarbeiter befassen sich laufend mit allen Einzelheiten ihrer Arbeit. Aus der Aufstellung sehe ich nun, dass 32 dieser Vorschläge sofort genehmigt wurden. Sie sehen: Freiheit! Die genehmigen ihre Vorschläge selber. Umsetzungsquote: 76%. Fein.

Es ist aber nicht in jeder Periode und in jedem Bereich so gut. Ich habe ein Beispiel vom Monat August 1998 aus dem Restaurant, wo meine acht Mitarbeiter zwölf Ideenblätter abgeliefert haben. Die taten auch mehr, als sie mussten. Aber die Umsetzungsquote liegt nur bei 50 %, während bei uns eine Soll-Umsetzungsquote von 70 % gilt – auch da wird gemessen. Und – auch das gibts: ein Mitarbeiter ohne abgegebenen Vorschlag. Das muss Konsequenzen haben.

Wer vorschlägt, setzt um

Es hat Konsequenzen, spätestens beim Mitarbeiter-Orientierungsgespräch. Das ergibt sich aus dem SUB-Prozess, der sich mit Ideenblättern beschäftigt. Der ist, im OHB zusammengefasst, wie folgt festgelegt:
- Der Mitarbeiter gibt monatlich sein Ideenblatt ab;
- die Führungskraft entscheidet entweder allein oder – bei Unsicherheit – am wöchentlichen Führungsmeeting;
- der Mitarbeiter kriegt Feedback; das OK für Umsetzung und ein Dankeschön, bei Nichtumsetzung eine Begründung;
- bei der Genehmigung wird unterteilt: alleinige Umsetzung durch den Mitarbeiter oder mit Unterstützung durch die Führungskraft.

Hier sehen Sie auch den Grund, weshalb kein Investitionsstau entsteht. Jeder Mitarbeiter weiß: Ich muss nicht nur einen Vorschlag machen, sondern ihn auch selber umsetzen.

Dazu ein konkretes Beispiel. Eines unserer Zimmermädchen schlägt vor: «Schuhlöffel in jedes Zimmer.» Wunderbare Idee, wird sofort genehmigt. Wir haben 90% Männergäste in unserem Hotel; viele haben Slipper an – wer hat denn einen Schuhlöffel dabei …?

Und jetzt ist es Sache des Zimmermädchens, die Schuhlöffel auch zu besorgen. Das heißt mit einem Schuhhaus Kontakt aufnehmen (es darf ruhig Bally draufstehen), hundertfünfzig Stück abholen, wenn sie das nächste Mal in der Stadt einkaufen geht, dafür sorgen, dass immer Reservelöffel bereitstehen, usw. – Sie ist selber an der Umsetzung beteiligt.

Einbindung der Ergebnisse

Jetzt schauen wir mal an, was mit den abgegebenen Vorschlägen passiert: Die Anzahl und auch die Umsetzungsquote wird archiviert in der Mitarbeiterakte und ist ein wichtiger Input für die Orientierungsgespräche. Dann fließen die Ideenblätter auch in die Monatsberichte der Führungskräfte ein – Soll- und Ist-Umsetzungsquote –, und sie fließen ein in meinen Jahresbericht. Ich rekapituliere die ersten beiden Tipps: Vereinfa-

chung des Formularwesens und regelmäßiges Abliefern von Verbes-
serungsideen als Pflicht.

Vitamin für noch mehr Einfälle

Mein dritter Tipp: Fordern Sie einige Wochen vor der Jahreszielplanreise
noch zusätzliche Ideen.

Ich schreibe vorher noch drei Aktennotizen an meine Mitarbeiter. In
den letzten Tagen, bevor ich mit den Führungskräften verreise. «Bitte, bitte, bitte, denkt jetzt noch zusätzlich über Euren Arbeitsplatz nach», hieß es
letztes Jahr sechs Wochen vor der Tagung, und sechs Tage vorher: «Liebe
Damen und Herren unserer Teams, kurz vor Beginn der Jahreszielplantagung muss ich Ihnen noch einmal mein Lob aussprechen. Bisher
sind wirklich tolle Ideenblätter abgegeben worden – super, beinahe 500 an
der Zahl. Dass Sie alle gute Einfälle haben, ist damit bewiesen, aber vielleicht fällt dem einen oder anderen ja noch etwas Wichtiges ein. Nehmen
Sie sich doch nochmals zwanzig Minuten Zeit und horchen Sie in sich
hinein: Was könnte an meinem Arbeitsplatz noch verbessert werden?
Gehen Sie mit offenen Augen durch den Tag. Schnell werden Arbeits-
abläufe zur Gewohnheit; schnell verliert man den Blick dafür, dass es vielleicht anders doch noch besser gehen könnte. Bis zum Jahreszielplan sind
es nur noch sechs Tage. Schreiben Sie Ihre Ideen und Wünsche nieder und
leiten Sie das wertvolle Gedankengut so schnell wie möglich weiter, damit
wir auch dieses Mal wieder genügend Material zum Hirnen haben.»

Auf diese Aktennotiz hin, die nur am Schwarzen Brett hing, haben
meine Mitarbeiter noch einmal 151 Ideenblätter abgeliefert.

Die Karotte vor dem satten Esel

Natürlich ist das nachher an der Tagung mit Aufwand verbunden. Wir
brauchten allein dafür fast einen ganzen Tag. Aber schauen Sie einmal an,
was der so gelebte KVP nur schon in den ersten 10 1/2 Monaten bis zur
Tagung Mitte November 1998 dem Schindlerhof gebracht hat: 649

Verbesserungsvorschläge, davon 449 genehmigt und damit eine Umsetzungsquote von 69%.

Und bei manchen Unternehmen, die da überhaupt keinen *drive* drauf haben, plätschert ab und zu so ein Vorschlagsbriefchen ein, und bereits für das wenige muss mit Prämien 'rumgemacht werden – als wenn man dem Esel, der schon satt ist, dauernd noch eine Karotte hin hielte – der bewegt sich doch keinen Meter zusätzlich. Ich zahle lieber Wunschgehälter, aber dafür will ich den Mitarbeiter mit Haut und Haaren. Mir passt die Verbesserungsmentalität nicht à la «Chef, ich hätte da noch ne bessere Idee – was krieg ich denn dafür?» Das ist ja, wie wenn mir einer sagt: «Ich könnte noch viel besser arbeiten, wenn ich nur richtig bezahlt würde!» Also, da würde ich zum HB-Männchen …

Mit KVP zu Spitzenleistungen

Klartext zum KVP: Dieser Prozess braucht am Anfang ordentlich Aufwand. Wollen Sie mein System mit dem Ideenblatt so übernehmen, investieren Sie zuerst einiges an Arbeit, bis es läuft. Nach einem Jahr müssen Sie den Aufwand nochmal erhöhen, dann ist das erste Pulver verschossen, und es kommt bei vielen vorübergehend die Leere. Die müssen Sie überwinden. Ist das Ganze aber in Kopf und Geist der Einzelnen verankert, können Sie *peu à peu* den Aufwand zurücknehmen.

Heute machen 50 Mitarbeiter im Schindlerhof pro Jahr rund 800 schriftliche Verbesserungsvorschläge. 50 Japaner bringen es auf 1500, aber im Durchschnitt bringen 50 deutsche Arbeitnehmer in ihr Unternehmen nur 35 Vorschläge pro Jahr ein.

Bei den Japanern gehört es zur Unternehmenskultur, ständig über die eigenen Tätigkeiten nachzudenken, sich zehn Minuten vor Arbeitsbeginn – auch am Fließband – vorzustellen, wie der Tag abläuft, Mentaltraining zu machen, um zu verbessern. Und wenn die Fabriksirene ausgeheult hat, bleiben sie noch einmal zehn Minuten am Arbeitsplatz stehen, Köpfe zusammen: «Kinder, was ist heute bloß zufällig gut gelaufen? Das wollen wir systematisieren. Wo ist was nicht gut gelaufen? Bitte schreibt's gleich auf, damit wir es schon morgen besser machen können.» Das ist *Kaizen*, diese ständigen kleinen Schritte, was uns Minoru Tominaga auch mit seinem zweiten Buch «Auf der Suche nach deutschen Spitzenleistungen» näher bringt – sehr lesenswert übrigens.

Kollektive Kreativität oder Befehlsmanagement?

Nur unterscheidet sich leider Gottes der von uns Deutschen eingeschlagene Weg immer noch deutlich vom japanischen. Ich habe im Oktober 1998 einen Vortrag gehört von Professor Bullinger, Fraunhofer-Institut in Stuttgart, und liste Ihnen einige Stichworte auf, die ich mir daraus zum Thema «deutscher Weg» gemerkt habe:
* Große Entwicklungssprünge;
* groß angelegte Forschungszentren;
* Arbeit von Spezialisten – Arbeiter brauchen nicht berücksichtigt zu werden
* individuelle Kreativität;
* Top-down-Strategie: von oben nach unten;
* es wird angewiesen, es wird kontrolliert;
* Informationen werden dosiert weitergegeben, nur so weit, wie dies unbedingt nötig ist!

Sie sehen: ein klassisches Befehlsmanagement. Und dagegen die Japaner: permanent kleine Schritte, Miteinbezug aller Beteiligten – auch die Reinemachefrau gibt ihre Verbesserungsvorschläge ab. Die mitdenkenden Mitarbeiter sind das größte Kapital in Japan. Sie haben eine kollektive Kreativität. Da sind wir wieder bei der Grunderkenntnis, dass der IQ eines Teams höher als der IQ des Einzelnen ist.

Problem der Großunternehmen: das Hierarchie-Verhalten

Jetzt haben Großunternehmen natürlich ein Riesenproblem bei einem Wechsel von *top-down* zu *bottom-up*. Die Großunternehmen haben meist ein überdimensioniertes mittleres Management, die Lehmschicht oder Lähmschicht eines Unternehmens, und das Management gibt nur ungern und meist auch nicht freiwillig seine Privilegien ab, was durchaus zu verstehen ist, schließlich haben die hierfür auch gebuckelt und malocht, bis sie endlich ihren reservierten Chef-Parkplatz hatten und im Casino weiß gedeckt essen durften – und nun müssen sie alles wieder hergeben. Aber – es geht halt nicht anders.

Und es funktioniert. Ein Beispiel aus der Schweiz: Die ABB CMC Systeme AG, eine ABB-Tochter mit 370 Mitarbeitern in der Nähe von Zürich, war 1994 mit 70 Millionen Franken in den roten Bereich abgedriftet. 1995 übernahm ein Branchenfremder das Ruder, stellte radikal um, begrub die Hierarchien, ersetzte Chefs durch Verantwortliche und bestimmte auch eine Reihe von Teamsprechern für die umfassende Information auch nach innen – wohlverstanden: mit Hilfe langjähriger Mitarbeiter! Zwei Jahre später waren die Zahlen wieder schwarz. Die Presse titelte: «Das Team sagt, wo es lang geht.» Der Zürcher Tages Anzeiger schrieb: «Die Umstellung war nicht einfach, aber eines ist klar: Ohne Chefs gibt es mehr Ideen.»

Will ein traditioneller Großbetrieb in einer internationalen Wirtschaftswelt überleben, muss er wettbewerbsfähig sein und braucht er die angepasste moderne Struktur, sobald sich auch nur ein Konkurrent in diesem Sinne fit macht; und davon gibt es heute in allen Branchen welche. Das funktioniert nicht, wenn die Firmen das Hierarchie-Verhalten beibehalten; Hierarchie-Denken ist in Ordnung, aber nicht Hierarchie-Verhalten. Mitarbeiter sind zu beteiligen, werden motiviert; es gibt eine umfassende Information, nichts wird mehr vorher ausgefiltert im Sinne von: «Was geht die was an und was nicht». Da liegt der Grundstein des Erfolgs der Japaner.

3. Rund um die Service-Qualität

Service-Qualität können Sie nie intern beurteilen; es gibt nur einen Maßstab, und das ist der Kunde.

Verhalten Sie sich nicht kongruent zu dem, was Sie predigen, dann haben Sie keine Chance; es fehlt Ihnen die Glaubwürdigkeit – es funktioniert nicht.

Heute ist der Stammgast der, der alle vier Jahre kommt – andere Mütter haben auch schöne Töchter, da will er auch mal woanders hin.

Mir kommt entgegen, wenn meine Mitarbeiter auch mal wieder den Zahlen hinterher laufen müssen. Kreativität kann nur entstehen, wenn sich jemand anstrengen muss.

Service-Qualität Deutschland: Tendenz steigend

Ich will die Japaner nicht glorifizieren – die haben vieles, was wir nicht wollen. Die haben die höchste Selbstmordrate, noch vor der Schweiz; das Unternehmen ist dort wichtiger als die Familie. Aber es gibt Dinge im TQM, wo wir von ihnen lernen können. Minoru Tominaga – meine Führungskräfte haben keinen Vortrag von ihm ausgelassen in den letzten Jahren – geißelt seit Jahren die «Dienstleistungswüste Deutschland». Er wurde arg angegriffen deswegen, aber er hatte recht, als er damit begonnen hat. Er hat heute noch recht, aber man darf zugestehen, dass sich in Sachen Service-Qualität schon vieles in den letzten Jahren verbessert hat – Tendenz steigend, nach meiner Erfahrung.

Wir Deutschen in den Augen der anderen

Ich zeige Ihnen ein Beispiel, woran Sie sehen, wie wir Deutschen diesbezüglich im Ausland gesehen werden. Sie kaufen als Amerikaner ein Flugticket von North West Airlines. Sie kriegen ein Merkblatt mitgeliefert, da steht drauf (neben Impf-Vorschlägen und Dollar-Umrechnungskurs): «Besuchern aus den USA kommen Verkäufer und Bedienungspersonal als unterkühlt und abweisend vor. Das ist für Deutschlands Dienstleistung völlig normal und nicht unhöflich gemeint.»

Die warnen also gleich einmal jeden, bevor er zu uns kommt: «Du, die meinen das gar nicht böse, die schauen nur so …» In USA ist Service-Qualität eine Basisfähigkeit. Damit kann man sich im Wettbewerb gar nicht differenzieren. In Deutschland und auch in der Schweiz geht das noch – Betonung auf «noch».

Nachahmung kaum möglich

Und wenn Sie sich dafür entscheiden, vor allem als Klein- und Mittelunternehmen, dann kriegen Sie dafür noch ein Bonbon geschenkt. Die zahlreichen Faktoren, die diese Service-Qualität ausmachen, sind vom

Mitbewerber kaum nachzuahmen. Selbst wenn Sie Benchmark-Partner, Sparring-Partner eines Mitbewerbers sind und der alle Faktoren herausfindet, die Ihre Service-Qualität ausmachen, er kann sie nicht kopieren. Denn diese wesentlichen Faktoren beruhen auf Ihren Mitarbeitern: auf dem Aussehen, dem Charisma, der Motivation, den Kernkompetenzen und auf dem Herzblut, dem EQ (*emotional quotient*), dem Einfühlungsvermögen Ihrer Mitarbeiter. Das sind alles Dinge, die Sie nicht stehlen können; herausfinden und erkennen ja, aber nicht kopieren.

Und vergessen Sie nie: Service-Qualität können Sie nie intern beurteilen. Es gibt nur einen Maßstab, und das ist der Kunde. Deshalb gibt es nur eines: messen, messen und noch einmal messen.

Die Hardware-Konkurrenten …

Wie bin ich mit meinem Schindlerhof überhaupt auf Service-Qualität gekommen? Wenn ein Fabrikant in seinem Leben alles erreicht hat, was fehlt ihm dann noch? Ein eigenes Hotel.

Die werden dann zu meinen Mitbewerbern und sind alle ordentlich mit Kleingeld ausgestattet. Da gibts z. B. einen Scheich im Nahen Osten, einen der reichsten Männer der Welt mit einem geschätzten Privatvermögen von 14 Milliarden Dollar. Der hat neben der Falkenjagd noch ein Hobby: Hotels. Zurzeit hat er 37'162 Hotelzimmer in seinem Portefeuille und baut gerade 8575 neue.

Mit solchen Leuten schlage ich mich auf dem Markt jeden Tag herum. Da können Sie sich ausrechnen, dass ich überhaupt keine Chance habe, mit meiner Hardware dagegen anzukommen. Harte Servicefaktoren wie Gebäude, Ausstattungen, begehbare Kleiderschränke, Wellness-Center, Carrara-Marmor – können wir alles nicht bieten. Wir haben nur Profit-Center. Jeder Kubikmeter umbauter Raum kostet 700 Mark – da kann ich doch nicht irgend etwas bauen, was keinen *return on investment* bringt.

… und die kostengünstige Software-Antwort

Also muss ich schauen, dass ich mich im Wettbewerb über die weichen Service-Faktoren von den Anderen differenziere: über Höflichkeit, Freundlichkeit, Schnelligkeit, Pünktlichkeit und Zuverlässigkeit; über das Auftreten der Mitarbeiter und deren Persönlichkeit, über ihr Verständnis für die Bedürfnisse eines Gastes. Über das Kennen der Stammkunden, die Fachkompetenz und die Ausbildung, über all das, was dann dazu führt, dass uns Minoru Tominaga «als Oase in der Dienstleistungswüste» bezeichnet oder dass der Berner Tourismusmanager Rolf Widmer sich nach einem Seminar so verabschiedet: «… Tag für Tag eine tolle Aufführung vor anspruchsvollen Gästen … »

Es ist eine wunderbare Möglichkeit, weil es eben wenig Geld kostet. Sie müssen Mitarbeiter richtig ausbilden, coachen, trainieren, weiterbilden, richtig führen und behandeln und – Sie müssen das vorleben. Verhalten Sie sich nicht kongruent zu dem, was Sie predigen, dann haben Sie keine Chance; es fehlt Ihnen die Glaubwürdigkeit, es funktioniert nicht. Aber: Das alles kostet Sie wenig bis kein Geld.

Die Ahs und Ohs

Wir reichern diese Service-Qualität noch ein bisschen an mit kleinen Streuseln, wie wir es nennen, mit kleinen Ahs und kleinen Ohs. Einige davon habe ich in den beiden bisherigen Büchern schon beschrieben, es sind allerdings viele neue dazu gekommen.

Hat jemand seine Brille vergessen, kommt der Leihbrillen-Service mit 10 bis 50 Dioptrien; Authan für Insekten empfindliche Menschen; Kilodose Piz Buin fürs empfindliche Öhrchen; die Männer, die auf die Toilette gehen, kommen vom Pinkeln gar nicht mehr zurück: über den Pissoirs hängen Zeitungen, von montags bis freitags Wirtschaft und übers Wochenende Sport. Geht eine Tagung zu Ende, dann ist an der Ausgangstür der aktuelle Staubericht des ADAC, und der ist noch keine Stunde alt. Auf Wunsch drucken wir eine Alternativroute zum nächsten Termin aus.

One-to-one-Marketing

Die Ahs und Ohs sind zunächst für alle gleich. Doch das reicht heute nicht mehr aus. Heute brauchen wir ein *One-to-one*-Marketing, auf den einzelnen A-Kunden zugeschnittene individuelle Leistungen.

Damit haben wir vor gut zwei Jahren begonnen. Frühstücksgewohnheiten der am häufigsten bei uns übernachtenden Hotelstammgäste füllen bereits einige DIN-A4-Seiten. Welche Teesorte jemand bevorzugt; ob er den Kaffee besonders heiß trinkt oder kalte Milch zum Tee wünscht. Bei einem muss die Musik leiser gemacht werden, wenn er kommt, ein anderer kommt immer schon, bevor das Frühstücksbuffet fertig ist, um 6 Uhr 10, wird aber auch reingelassen, denn alle sind ja vorbereitet. Das ist individuelles Eingehen auf den Kunden, das ist *One-to-one*-Marketing

Kundenstamm-Datenbank

Meine Frau Renate hat letztes Jahr die Lieblingszimmer von zwölf Stammkunden deren Sternzeichen zugeordnet. Das sind Dinge, die der Gast nicht vergisst: ein Bücherregal mit Literatur, eine kleine Duftpyramide, ätherisches Öl, eine geführte Meditation von Rüdiger Dalke auf CD, und alles passend zum Sternzeichen des Gastes.

Im Jahreszielplan von 1999 haben wir noch eins draufgegeben: Wir forderten kurz zuvor alle Damen und Herren unseres Teams auf, ab sofort auf die Jagd zu gehen nach kleinen Eigenarten, Sonderwünschen, Vorlieben und Schrulligkeiten unserer vielen Gäste, diese dann in der Kundenstamm-Datenbank zu speichern und dafür Sorge zu tragen, dass unsere Gäste wirklich bei jedem Besuch in den Genuss dieser Sonderleistungen kommen. Die bereits bestehende Liste mit den Frühstücksgewohnheiten unserer Hotelstammgäste wird noch erweitert und konsequent angewandt. Die jeweils zwanzig wichtigsten Kunden jedes Leistungsbereiches werden mit Foto in unserer Datenbank erfasst. So ist es auch für unsere neuen Team-Mitglieder ein Leichtes, einen Stammgast sofort mit Namen ansprechen zu können.

Ein Beispiel: Gerhard Reichel, einer der besten Rhetorik-Trainer

Deutschlands ist häufiger Gast bei uns. Da bedarf es allein schon im Tagungsraum einer Latte von Änderungen. Da muss an einer Stelle ein Leinwandstrahler herausgeschraubt werden. Nach dem Mittagessen muss eine «Süddeutsche» in einer bestimmten Ecke liegen, weil er sich in Ruhe noch ein bisschen entspannen will. Selbst die gewünschten Möblierungsvarianten sind in der Datenbank drin.

Da fangen wir jetzt einmal mit 20 A-Kunden pro Leistungsbereich an und treffen damit schon fast 50% des Umsatzes. Und im Jahr darauf erweitern wir das Ganze.

Missbrauch?

Wenn ich das hier so ausbreite, mögen einige wieder denken, das werde doch ausgenutzt. Doch so schlecht sind die Menschen nicht. Der alte Geheimrat Goethe hat vor 160 Jahren schon gesagt: «Behandle die Menschen, wie sie sind, und sie werden schlechter. Behandle sie, wie sie sein könnten, und sie werden besser.» Sonst wäre *Land's end* nicht in der Lage, in allen Ländern der Erde – außer in Deutschland, da dürfen sie es ja nicht mehr – lebenslängliche Garantien zu gewähren.

Unsere Zahlen zu den Reklamationen

Ich bekomme monatlich, vierteljährlich und jährlich eine Auswertung sämtlicher Reklamationen aus Smiley-Kärtchen, Kundenbefragungen und Stammkundenbefragungen: Wie wurde reagiert, was war der Anlass der Reklamation und was hat die Wiedergutmachung gekostet?

In der Erfassung unterscheiden wir zwischen technischem Versagen – Fehler bei der Hardware wie Ausfall der Heizung – und menschlichem Versagen – Fehler in der Software. 1998 hatten wir 313 Reklamationen, 74 Mal technisches und 239 Mal menschliches Versagen. Wir haben insgesamt DM 20'759.– Qualitätskosten gehabt; DM 16'000.– kosteten uns die Wiedergutmachungen beim menschlichen, DM 500.– beim technischen Versagen. Das ist mir noch nicht konkret genug. Ich will alle Details.

Reklamationsbeispiele

Ich nehme als Beispiel den Monat August 1998 mit zwei Reklamationen im Tagungsbereich. «Die Stufen zu einem Raum müssen mit Gummikanten versehen werden; es ist zu glatt, weshalb ein Gast abgerutscht ist.» Das war bei uns Grund zu einer Innovation, die von der Leiterin im Tagungsbereich gleichentags direkt mit dem Architekten veranlasst wurde. Die Reklamation kostete 24 Mark – zwei Glas Champagner.

Ein anderer Kunde reklamierte ebenfalls im technischen Bereich: «Gerät veraltet, zu wenig Lichtstärke.» Die Tagungsleiterin Sabine B. hat sofort ein Angebot für einen neuen Beamer eingeholt.

Ein weiteres Beispiel: ein Fehler an der Rezeption. Die Rechnung wurde falsch ausgestellt, und der Gast hat bezahlt, obwohl die Rechnung zulasten der Firma gehen sollte. Wir beschäftigen sehr viele Azubis, da kann so etwas schon einmal passieren. Wir schickten dem Gast seine gut 200 Mark zurück, und die Firma erhielt von uns einen Brief, er sei unser Gast gewesen – also keine neue Rechnung. Qualitätskosten: 200 Mark.

Alle Reklamationen, bei denen es unfair wäre, diese meinen Mitarbeiterinnen und Mitarbeitern anzulasten, werden auf den Gesamtbetrieb gebucht. Herrschte tatsächlich eine unmögliche Parkplatzsituation oder fühlten sich Gäste durch andere Gäste am Nebentisch gestört, dann belaste ich doch damit nicht meine Mitarbeiter. Deswegen gingen 1998 DM 1'803.50 an Qualitätskosten auf den Gesamtbetrieb.

Der untrügliche Beweis

Interessant ist auch, weshalb die Kunden gerade zu uns kommen. Die häufigste Nennung in allen Bereichen auf die Frage nach dem Hauptmotiv des Besuchs und danach, worauf der Gast bei uns am wenigsten verzichten möchte, ist seit Jahren und in fast allen Monaten die gleiche: die Herzlichkeit des Teams. Unsere Immobilien sind nichts Besonderes (abgesehen von DenkArt, unserem Neubau), da gibts schönere, aber die Mitarbeiterinnen und Mitarbeiter sind etwas Besonderes. Das ist der

Beweis, dass sich konsequente und kompromisslose Kundenorientierung und Service-Qualität auszahlen, wenn Sie von Ihren Kunden bestätigt bekommen, dass sie deswegen zu Ihnen kommen.

Und ein weiteres Beweismittel: *money talks*! Wenn ich 77% Auslastung hinkriege, wo meine Region sonst irgendwo bei 35 oder 37% liegt und ich bei der Hardware über keine Vorteile verfüge, dann muss es ja andere Gründe dafür geben. Und da bleibt nur noch einer: die Mitarbeiter.

Noch einmal komme ich zurück auf die Ausführungen Professor Bullingers vom Fraunhofer-Institut. Er sagt etwas sehr Interessantes: «Es gibt eine Divergenz der Selbsteinschätzung deutscher Unternehmen und der Kundensicht; 79% der Unternehmen behaupten, sie hätten eine gute Dienstleistungsqualität, aber nur 63% der Kunden bestätigen dies.» Und da müssen Sie berücksichtigen, dass Kunden in der Regel überanständig sind. In den USA sind die Zahlen genau umgekehrt; da stellen die Firmen ihr Licht eher unter den Scheffel und werden von den Kunden in Sachen Dienstleistungen höher bewertet.

Vorteile kompromissloser Kundenorientierung und Service-Qualität

Immer wieder werde ich gefragt, ob sich denn Service-Qualität rechnet. Ja, sie rechnet sich – nach einer gewissen Zeit. Es ist zunächst eine Investition, eine Datenbank aufzubauen, ein systematisches und faires Reklamationswesen zu entwickeln und einzuführen, die Eigenarten der Kunden festzuhalten, die Mitarbeiterinnen und Mitarbeiter zu schulen. Aber irgendwann in zwei, drei oder vier Jahren passieren wundersame Dinge.

Wenn Sie dranbleiben, erhöht sich irgendwann die Kauffrequenz. Bedenken Sie: Früher war in der Ferienhotellerie derjenige Stammgast, der jedes Jahr seinen Urlaub im gleichen Hotel verbrachte. Heute ist der Stammgast jemand, der alle vier Jahre kommt – andere Mütter haben auch schöne Töchter, da will er auch mal woanders hin.

In einem Geschäftsleute-Restaurant war früher derjenige Stammgast, der für alle Geschäftsessen das Restaurant berücksichtigt hat. Heute will er auch mal dorthin oder dahin gehen, will sich auch mal den Magen verderben. Er kommt dann schon wieder zu uns, aber nur dann, wenn wir Service-Qualität und Kundenorientierung bieten, die sich beim Kunden auch auf einen längeren Zeitraum hin einprägen. Und deshalb zahlt sich der Aufwand irgendwann einmal aus.

Oder denken Sie an die Autobranche. Da kauft einer vielleicht alle vier Jahre ein Auto. Wenn Sie diesen Kunden mit einer kompromisslosen Service-Qualität dazu bringen, die Kauffrequenz zu steigern, so dass er plötzlich alle drei Jahre ein neues Auto kauft, dann muss sich dies ja auszahlen.

Ein weiterer Vorteil: Die aktive Vollreferenz (Empfehlungsrate) wird angeregt. Ich sehe ja in den Monatsberichten, wie viele Neukunden jeweils auf Empfehlung zu uns gekommen sind. Das ist auch bares Geld.

Und *last but not least* können Sie dank kompromissloser Kundenorientierung Preiserhöhungen auch dann durchsetzen, wenn alle in der Branche sagen: «Es geht nicht.» Es geht doch, dann nämlich, wenn Sie eben diese Beziehungen zu Ihren Kunden haben, dieses Individuelle, was nicht jeder hat und sehr schwer kopierbar ist.

Die Schonzeit ist vorbei …!

Bis 1992 waren wohl Anstrengungen, wie wir sie betreiben, kein existentielles Erfordernis. Die Konjunktur war intakt und alles ist wunderbar gelaufen.

Wenn ich aber mit dem Rücken zur Wand stehe, dann werde ich kreativ, dann laufe ich zu Höchstleistungen auf. Nun haben wir diesen Verdrängungswettbewerb einfach, einige wenige Wachstumsbranchen ausgenommen. Aber ich sags noch einmal: Gott sei Dank! Denn wenn der liebe Gott einen Unternehmer bestrafen will, dann schickt er ihm zehn Jahre lang gute Geschäfte. Endlich hat er mit uns allen wieder ein Einsehen, denn was Besseres konnte gar nicht passieren.

4. Auswahl und Umgang mit Mitarbeitern

Wir stellen niemanden mehr ein nur deshalb, weil wir ihn halt dringend brauchen und weil der zwei Hände und zwei Füße hat – das ist uns zu wenig.

Ich werde nie verstehen, wie man in ein Hochleistungsteam einen Fremdkörper hinein pflanzen kann, ohne vorher die Leute zu fragen.

Für mich ist eine 40-Stunden-Woche ein Teilzeitjob für Blutarme.

Ein Unternehmen ist wie ein Orchester. Und Betriebsräte sind Musiker, die mit gesetzlicher Genehmigung falsch spielen dürfen. Sie dürfen, was nicht heißt, dass sie es auch tun müssen; da gibts großartige Leute darunter.

Dieses Jahr bekamen die Lehrlinge einen Smart. Da steht nicht mehr drauf «Lehrling des Monats» sondern: «worked hard & smart!»

Erwarten Sie von Ihren eigenen Mitarbeitern höchstens eine zufriedenstellende Leistung, dürfen Sie sich nicht wundern, wenn Sie in der zweiten Bundesliga laufend Remis spielen.

Mitarbeiter-Orientierung als drittes Kriterium beim EQA

Zu diesem Thema habe ich mich bereits in den beiden ersten Büchern geäußert. Doch zum einen sind wir in der Zwischenzeit auch hier noch differenzierter geworden, zum anderen ist das Thema beim EQA wichtig, weshalb ich auch da einige zusätzliche Ausführungen anbringen möchte: Was tut ein Unternehmen, um Mitarbeiter zu bekommen, und was wird für diese dann getan?

Keine Auswahl unter Druck

Was ich Ihnen beschrieben habe, das können Sie natürlich nicht mit jedem machen. Wir haben einen neunteiligen Einstellungsfilter, wenn wir einen neuen Mitarbeiter brauchen. Wir lassen uns nicht mehr vom Einstellungsdruck «Leiden» leiten, um dann jemanden nur deshalb einzustellen, weil wir ihn halt dringend brauchen und der zwei Hände und zwei Füße hat – das ist uns zu wenig. Lieber mache ich zehn Zimmer zu und fange wieder von vorne an. Heute dauert es zwei bis drei Monate und manchmal auch sechs Monate, bis jemand zu uns kommt.

Selbstdarstellung

Am Anfang des Filters steht bei uns die Selbstdarstellung des Unternehmens mit einem Lebenslauf von mir – da sagen dann die ersten ab – und mit dem Leitbild des Unternehmens, und da sagen schon die nächsten ab. Dazu gehören auch Presseberichte über unser Haus, die wichtigsten Eckdaten bis zur Produktivität und ein Begleitbrief, in dem wir ihn warnen, er solle die Unterlagen sehr genau studieren. Schließlich gehts um die wichtige Entscheidung, sich ganzheitlich einzubringen in ein Unternehmen, dessen Ziele und Werte er gut finden muss.

Gespräche mit den Lehrlingen

Dann folgen Vorstellungsgespräche mit Lehrlingen, die immer noch vorzugsweise auf Sonn- oder Feiertage gelegt werden, und da sagen bis zu ein Drittel ab. Wenn ich eine Bäckerei hätte, dann würde ich die Lehrlinge den Bewerber früh um vier Uhr in der Backstube empfangen lassen; da riecht's nach Croissants, und Sie bringen den Geruch der nächsten zwanzig Jahre Bäcker-Dasein schon ohne Worte 'rüber. Und hätte ich ein Baugeschäft: strömender Regen, Rohbau ohne Dach und eine Stunde Unterhaltung im Freien, um zu sehen, ob jemand wasserdicht ist. Oder ob er vielleicht später mit Plakaten rumläuft, auf denen steht, dass ihm jetzt auch noch Schlechtwettergeld zusteht, nur weil die Natur eben Natur ist.

Hausführung

Der dritte Filter: die ausführliche Hausführung an alle Schandflecken des Unternehmens. Hierfür sind unsere Lehrlinge zuständig; die sind ausgebildete Fremdenführer mit einem *touch* von Sadismus. Dann folgt die so genannte Partneranalyse mit vielen, teilweise sehr persönlichen Fragen. Da erkennen wir in der Regel die Leute mit Freizeit orientierter Schonhaltung; mit denen mag ich nicht spielen.

Stimmt die Chemie?

Dann sprechen meine Frau oder ich mit dem Bewerber so ca. zehn Minuten. Da geht es vor allem um zwei Dinge. Erstens: gegenseitige Sympathie. Mir geht mein Wohlbefinden über alles. Auf meinem Spielplatz läuft niemand herum, der mich nicht leiden kann oder umgekehrt. Wenn die Chemie zwischen zwei Leuten nicht stimmt, können Sie es vergessen.

Und das zweite, was ich sehen will, das sind leuchtende Augen, «glow and tingle», wie Tom Peters sagt. Sie sehen einem Menschen immer an den Augen an, ob er Leidenschaft hat oder ob es nur Asthma ist, und das ist mir zu wenig. Der Heilige Augustinus sagte um 500 n. Chr.: «Ich kann nur in jemandem ein Feuer entfachen, wenn eine Flamme brennt.» Hat einer tote Augen wie ein Stallhase, geht die Bewerbung zurück.

Entscheid nach Arbeitsprobe

Dann kommt die zweitägige Arbeitsprobe in jenem Bereich, für welchen er sich beworben hat. Nach den zwei Tagen entscheiden meine Mitarbeiterinnen und Mitarbeiter. Und deshalb gibt es bei uns kein Mobbing. Da kann nachher jemand Fehler machen, so viel er will – wird noch in den Arm genommen und getröstet. Denn: Sie wollten ja mit ihm zusammen arbeiten. Ich werde nie verstehen, wie man in ein Hochleistungsteam einen Fremdkörper hinein pflanzen kann, ohne vorher die Leute zu fragen!

Neben dem graphologischen Gutachten, welches ich bei Führungskräften immer noch einhole, kommt dann die Geschichte mit dem Spielvertrag, in dem wörtlich drin steht: «Die Spielzeit richtet sich nach den Erfordernissen des Betriebes», ein kleiner Satz mit großer Wirkung. Die Gehälter meiner Mitarbeiter, die zahl' nicht ich, sondern die bezahlt der Gast, und deshalb entscheidet auch der Gast, wie lange geöffnet ist.

Dann steht da auch noch drin: «Die wöchentliche Spielzeit beträgt in etwa 45 bis 50 Stunden.» Für mich ist eine 40-Stunden-Woche ein Teilzeitjob für Blutarme.

Sie sehen, wir sind eine Trauminsel in diesem grauen Meer der Arbeitswelt, und darüber ist eine große Käseglocke; wir lassen niemanden an uns heran, der nicht leistungsorientiert und nicht Vollblut-Unternehmer ist oder werden will.

One-to-one-Marketing – auch gegenüber Mitarbeitern

Natürlich verdienen nun meine Vollblut-Unternehmer auch eine entsprechend hohe Wertschätzung. Und die empfinde ich nicht nur, sondern zeige sie auch. Die Geschenke und Briefe, bevor sie in den Urlaub fahren, wechseln jährlich. Da ist beispielsweise jemand in die Berge gefahren: «Der beiliegende Rucksack aus schwarzem Leder soll eine kleine Hilfe bei den Wanderungen sein.» Oder wenn jemand ans Meer fährt, kühl am Strand liegt und dabei ist, «vom Schindlerhof zu träumen», soll ihn dieses schöne Strandtuch an die Daheimgebliebenen erinnern und ihm nebenbei noch als Unterlage dienen. «Pass gut auf Dich auf – wir brauchen Dich!»

Mitarbeiter, die vom Urlaub zurückkommen, haben schon wieder Post von mir, um ihnen die Übergangszeit vom Urlaub in den Alltag etwas zu versüßen. Lindt und Sprüngli, Milka-Herzen oder mal auch nur eine Tafel Schokolade. Es geht nicht um die Summe, es geht um die Geste. Das sind alles Dinge, die den Arbeitsplatz nach und nach zu einer geistigen Heimat werden lassen.

All die Kleinigkeiten, die ich da beschreibe, die machen viele andere auch. Aber ich behaupte: Nicht so systematisch. Der Erfolg aber liegt in der Systematik. Es kann kein Geburtstag vergessen werden; es kann kein Urlaub vergessen werden und auch kein Azubi-Ausflug.

Der kreative Tisch

Ich bin ein so genannter Leer-Tischler. Was das ist, habe ich bei Josef Schmidt in Bayreuth gelernt. Von einem leeren Schreibtisch geht ungeheuer viel positive Energie aus. Frische Tasse Kaffee, vier Bilder vor mir – Hund, Pferd, Frau, Tochter –, da habe ich kein Problem, mir diese kleinen guten Dinge einfallen zu lassen, die die Mitarbeiter brauchen, und die mir selber auch gut tun und den Betrieb noch weiterbringen.

Und all das ist bei uns auch ISO-zertifiziert. Der Blumenstrauß am ersten Arbeitstag steht schon vor der Bürotür – ich muss mich da um nichts kümmern. Genauso sind die Rituale bei den Geburtstagen systematisiert oder auch für Weihnachten; da kann nichts vergessen werden. Nur bei den Inhalten, beim Individuellen, beim exakt auf jeden einzelnen Zugeschneiderten, da nutzt keine Zertifizierung und Automatismen sind die große Gefahr. Deshalb brauche ich meinen leeren Tisch.

Preisverleihung nachgespielt

Letzte Weihnachten, da wurde der Weihnachtsanlass von der Führungscrew übernommen. Die haben ein Theater in Fürth gemietet, «Tasilo», eine wunderbare Kleinkunstbühne. Da wurde für alle Mitarbeiter der Abend nachgestellt, den ich mit den Führungskräften bei der Verleihung des European Quality Award in Paris erlebt habe. Damals gingen wir ins Lido und wurden von zwei weltbekannten Köchen bekocht – Trois Gros und Paul Bocuse. Das ganze Programm, das wir erlebten – inklusive Travestie – wurde für die Mitarbeiter nachempfunden.

Für Weiterbildung gibt es keinen Sättigungspunkt!

Die wird bei uns nach wie vor ganz groß geschrieben. Wir arbeiten mit sehr vielen *basics*, doch an den Orientierungsgesprächen dürfen sich die Mitarbeiter auch individuell abgestimmte Kurse wünschen. Wenn es mir ganz wichtig ist, mische ich mich natürlich schon mal ein und sage vielleicht: «Hör mal, für dich wäre ein Rhetorikseminar gut», oder: «Mensch, du rauchst ja noch, mach doch mal Akupunktur.»

Ich mache nur, was mir Freude macht, und lehne alles andere ab. Das ist ein langer Weg und klingt im ersten Moment etwas arrogant. Aber es ist möglich, wenn Sie daran arbeiten. Was Sie gerne tun, tun Sie in kürzester Zeit auch gut. Wo immer Sie sich zwingen, ist Mittelmaß vorprogrammiert. Wichtig ist deshalb, dass jeder so eingesetzt wird, dass es seinen Talenten entspricht, dem, was er von *mother nature* in den Rucksack bekommen hat.

Größere Freiheit der KMU

Mir ist schon klar, dass meine Lösung gegenüber Großunternehmen als eine Insellösung erscheint. Das kann ich vor allem verstehen, wenn ich deutsche oder schweizerische Unternehmenskulturen anschaue, wie sie noch weit verbreitet sind. Würden da heute neue Mitarbeiter plötzlich mit Blumensträußen begrüßt – was bei mir eine freiwillige Leistung ist, die von Herzen kommt –, so wäre dies bei Konzernen eine der Forderungen an den nächsten Tarifauseinandersetzungen. Dann wird es in den Betriebsvereinbarungen niedergeschrieben und verkommt zu einem «Es-steht-uns-zu». Ich meine aber, die herrschenden Kulturen bei Großunternehmen sind nicht sakrosankt; auch da wird sich in den nächsten paar Jahren wohl einiges ändern, ja ändern müssen. Aber im Moment sind wir Klein- und Mittelunternehmen in diesem Punkt noch privilegiert.

Ein Unternehmen ist wie ein Orchester. Und Betriebsräte sind Musiker, die mit gesetzlicher Genehmigung falsch spielen dürfen – sie dürfen! Das heißt nicht, dass sie es auch müssen; da gibts großartige Leute darunter.

Besonderheiten für die Azubis

Seit einigen Jahren veranstalten wir – immer im September – eine Party für unsere Lehrlinge, zu der wir auch die Berufsschullehrer und die Eltern der Lehrlinge einladen.

Während vier Jahren bekam jeder Azubi am ersten Arbeitstag einen eigenen nagelneuen Dienstwagen, Fiat Panda oder Cinquecento. Das haben wir vor drei Jahren abgeschafft. Ich habe den Kids gesagt: Wir müssen sparen wie die Schotten. Und in diesem Moment fuhr hinter mir ein Minicooper raus – Sondermodell «Balmoral» mit schottisch karierten Sitzen, und auf der Flanke steht klein und dezent: «Azubi des Monats – Schindlerhof.» Schon hatte ich ein neues Ritual und außerdem noch Geld gespart – das ist auch *reengeneering*.

Dieses Jahr bekamen die Lehrlinge einen Smart. Da steht nicht mehr drauf «Lehrling des Monats» sondern: «worked hard & smart!»

Wir unternehmen regelmäßig Ausflüge mit unseren Lehrlingen, immer einen ins Ausland mit zwei Übernachtungen und einen in Deutschland mit einer Übernachtung. Der Höhepunkt unserer Auslandreise in die Champagne ist immer ein Abendessen in einer Villa an der Avenue de Champagne in Epernay, umgeben vom feinsten Jugendstil. Und da kocht für uns Boyer, bewertet mit drei Sternen bei Michelin. Nun werden Sie denken, das kostet doch viel Geld. Tut es nicht. Ich zeige Ihnen dies anhand unserer Einkaufspolitik auf:

Kriterien beim Einkauf

Sämtliche Mitarbeiter, die Einkaufstätigkeiten inne haben, sind voll verantwortlich für die Durchführung gemäß «Kernprozess Einkauf». Wann immer möglich und mengenmäßig vertretbar, beschaffen wir die Waren am Ursprung, beim Produzenten direkt. Im Food- und Beverage-Bereich legen wir größeren Wert auf gleichbleibende Qualität und maximale Lieferbereitschaft als auf Preise. (Natürlich müssen die Preise stimmen, aber das kann nicht das wichtigste sein. In unserem Leitbild sagen wir, wir wollen anständig mit unseren Lieferanten umgehen, also muss sich auch die zugehörige Verhaltensnorm im Alltag finden lassen.)

Wenn möglich – und das haben unsere Lehrlinge eingebracht – achten wir auf tiergerechte und umweltgerechte Erzeugung dieser Lebensmittel und kaufen, sofern dies überhaupt schon erkennbar ist, keine genmanipulierten Lebensmittel.

Weiter achten wir darauf, von unseren Lieferanten unabhängig zu sein. Dies bedeutet, dass wir uns bei Produkten mit größeren Volumina auf zwei bis drei Lieferanten abstützen wollen.

Im Non-Food-Bereich, das heißt bei größeren Anschaffungen wie PCs, Druckern oder Kopierern hat Markentreue Vorrang, um unsere geringe Marktmacht zu bündeln und – noch viel wichtiger – um Servicekosten zu minimieren.

Priorität: mittelständische Partner

Ein weiteres Kriterium ist für mich übrigens ganz wichtig: Wenn möglich, werden mittelständische Partner und solche aus der Region ausgesucht. Wir Mittelständler müssen wirklich mit Mittelständlern zusammen arbeiten. Ich fahre einen Morgan. Das ist das einzige Automobil, das aus einem Familienbetrieb in der dritten Generation kommt; 120 Mitarbeiter fertigen im Jahr 400 Autos – und den verkaufen Sie nach drei Jahren zum fast gleichen Preis, wie Sie ihn gekauft haben, und Sie stützen den Mittelstand. Wir jammern immer, man täte zu wenig für den Mittelstand.

Dann werden bei uns mit allen Dauerlieferanten Jahresgespräche geführt, bei denen Preise, Rabatte, Skonti, Delcredere, Naturalrabatte angesprochen und vereinbart werden.

Einbindung der Lieferanten in Weiterbildung …

Und jetzt wirds interessant. Bei uns ist Folgendes festgelegt: Wo es möglich und sinnvoll ist, werden unsere Lieferanten auch eingebunden in den Weiterbildungsplan. Jährliche Gratisseminare für unsere Teams zu Käse, Tee und Ähnlichem. Der Umstand, dass wir eine teurere Teesorte haben, wird doch unbedeutend, wenn der Lieferant einmal im Jahr kommt und für unsere Mitarbeiter ein tolles Seminar macht, so dass jeder Lehrling den Unterschied zwischen *first-flush* und *second-flush*, zwischen Darjeeling- oder Assam-Tea kennt und nicht nur schwarz von grün unterscheiden kann.

Und die Lieferanten sind außerdem eingebunden in die Fortbildung der Azubis: Einladungen bei den Lieferanten von Sekt, Champagner, Porzellan, Bier, Wein, usw. Ich muss nicht als Bittsteller anklopfen, ob wir kommen dürfen, sondern es ist vereinbart in einem Rahmenabkommen.

... und in Großanlässe

Und zu guter Letzt sind sie eingebunden als Sponsoren der Großanlässe im Rahmen unseres integrierten Eventmarketings, in die *big bangs*, die alle ein bis zwei Jahre bei uns stattfinden. Sie sehen, weshalb die Azubi-Ausflüge bei uns gar nicht so teuer sind. Und auch die Lieferanten wissen genau: Die Lehrlinge von heute sind die Verkäufer und Käufer von morgen.

5. Kernprozess Innovation

Einfachheit ist heute angesagt. Uns hängt der Loup de mer in der Salzkruste zu den Ohren raus. Der Modefisch in New York ist der Hering.

Kostenmanagement beim Wechsel des Ambientes: Jetzt gibts nur noch Reagenzgläser für Blumen – wir sparen etwa 15'000 DM für Blumenschmuck. Nun kann ich im Januar, wenn das Zeugs teuer ist, auch mal nur noch einen Grashalm hineinstellen.

Durchschnitt ist etwas Fürchterliches. Das ist, als ob Sie zum Arzt gehen und sagen: «Ich habe 41 Grad Fieber und eiskalte Füße.» Da sagt der Arzt schließlich auch nicht: «Durchschnittstemperatur 37,5 – was wollen Sie von mir …?!»

Kernprozess der Innovation

Ich komme noch einmal zurück auf EQA-Kriterium 5, auf die Prozesse, und zeige Ihnen, wie bei uns der Kernprozess der Innovation abläuft.

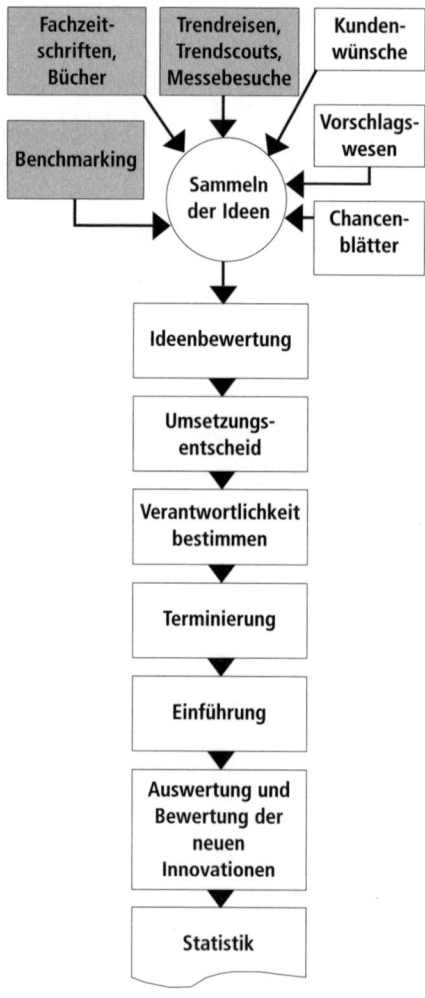

Basiswissen

Der eine Teil findet ausser Haus statt. Dazu gehören regelmäßige Messebesuche. In meiner Branche kann das die *Anuga* sein in Köln, zweimal im Jahr die *Ambiente* in Frankfurt, die *INTERNORGA* in Hamburg – alles, was eben für Sie wichtig ist, um über neue Angebote Bescheid zu wissen. Bei Messen lässt sich sehr viel über Trends und Innovationen erfahren.

Der zweite Punkt bei uns ist – es muss nicht immer alles viel Geld kosten – das Studium von Fachzeitschriften. Es gibt in jeder Branche solche, die sich mit Trends auseinander setzen, die muss man sich reinziehen. Dann sind natürlich auch Bücher wichtig: Matthias Horx vom Trendbüro Hamburg, Professor Gertrud Höhler, Faith Popcorn – was die sagen, muss man einfach wissen.

Dann gibt es regelmäßig Trendreisen. Das kann bei uns Dublin sein, das kann London sein. In meiner Branche hat London den USA mittlerweile fast den Rang abgelaufen, was Innovationsstärke betrifft. Aber es sind immer wieder mal auch die USA, wo Sie die Nase reinstecken müssen.

Benchmarking statt Durchschnitt

Dann betreiben wir *Benchmarking*, *Sparring* mit den Besten, und das nicht nur in der eigenen Branche. Wir benchmarken mit Lufthansa, wir benchmarken mit Friseuren; wir vergleichen unsere Krankentage zum Beispiel mit einem Dienstleister in Nürnberg, der überhaupt nichts mit der Hotellerie zu tun hat, und der hat einen Krankheitstag pro Mitarbeiter und Jahr. Das ist unser Massstab, und nicht die 21 Tage deutscher Durchschnitt. Durchschnitt ist etwas Fürchterliches. Das ist, als ob Sie zum Arzt gehen und sagen: «Ich habe 41° Fieber und eiskalte Füße.» Da sagt der Arzt schließlich auch nicht: «Durchschnittstemperatur ist 37,5 – was wollen Sie von mir …?!»

Die nächsten Schritte laufen dann im Haus: Verbesserungsvorschlagswesen und regelmäßige Qualitätszirkel in allen Leistungsbereichen und – nicht zu vergessen – die Kundenbefragungen. Alles, was auf den Smiley-Kärtchen mitgeteilt wird, ist Innovation pur.

Ablauf-Beispiel

Wir führen regelmäßige Ideenbewertungen durch. Bei jeder Idee fällt ein Umsetzungsentscheid, werden Verantwortlichkeiten bestimmt und es wird terminiert: Wer macht was bis wann? Dann wird die Innovation eingeführt und es folgt eine Testphase. Wie bei der A-Klasse von Mercedes: Bleibt er stehen oder fällt er um? Da schauen wir genau hin, ob wir die Innovation zurückziehen müssen, und dann wird entschieden.

Ziehen wir die Innovation zurück, dann sehen wir uns natürlich genau an, ob Begleitmaßnahmen nötig sind, etwa wenn eine Innovation in nicht ausgereiftem Zustand bereits im Auge des Kunden ist, Stichwort Elch-Test. Übrigens, was Daimler-Benz da bei der A-Klasse gemacht hat, das war für mich die größte Marketing-Leistung des Jahrzehnts. Prädikat: phantastisch! Ein halbes oder ein ganzes Jahr später, je nach Größe der Innovation, wird eine statistische Auswertung gemacht. Die führten wir im letzten Herbst für unser neues Ambiente durch. Hat es sich rentiert? Stichwort «Ich komme zu Ihnen wegen dem Ambiente» – wie viele Mehrnennungen der Kunden gibt es im Vergleich zum Vorzustand? Haben sich die Umsätze gesteigert? Wurde der Apéritifverkauf gesteigert durch die Farben? Wurde die Verweildauer wirklich verlängert? All diesen und noch weiteren Fragen gehen wir nach.

Das konkrete Beispiel: Neubau DenkArt

Genug der Theorie – ich zeige Ihnen den Innovationsprozess auf anhand unserer größten Innovation der letzten Jahre, die wir am 21. März 1999 eröffnet haben.

Feng Shui: Know-how aus Peking und Zürich

Die erste Studienreise hat meine Frau nach China geführt. Sie hat sich schlau gemacht über Feng Shui, über diese alten chinesischen Erkenntnisse über den Energiefluss beim Bauen. In Hongkong wird kein Haus ohne Berücksichtigung von Feng Shui gebaut.

Sie hat dann zusammen mit unserem Architekten Günter Dechant ein Feng Shui-Seminar besucht im GDI, dem Gottlieb-Duttweiler-Institut in Rüschlikon bei Zürich. Feng Shui floss bei uns bereits von Projektbeginn weg mit ein. Es gibt Häuser, da ist der Energiefluss so gut, dass Sie hereinkommen und Sie fühlen sich einfach sauwohl. Es gibt Gebäude oder Räume, da können Sie Designermöbel vom Feinsten reinstellen, aber die Leute können nie still sitzen und wissen nicht einmal wieso. Bei Feng Shui werden diese Energieflüsse halt ganz genau angeschaut.

Wir haben mit einem Geomanten gearbeitet, der sich sämtliche Energiepunkte und auch die möglichen Störfaktoren auf dem Gelände bei Planungsbeginn ganz genau angeschaut hat.

Minimalismus: die Quelle in Japan

Die zweite Studienreise ging nach Japan. Da haben wir uns Zen-Klöster und *Riokans* angeschaut, diese traditionellen japanischen Hotels. Es ist klar, welcher Trend dahinter liegt: Minimalismus. Es ist das, was Jil Sander in der Mode gemacht hat und was heute verstärkt Jamamoto und Miake machen und wo auch Daimler-Benz mit seinem Smart alles andere als zuschaut: Reduktion aufs Wesentliche, oder in der Sprache der Werber: *reduce to the max*. Das wollen heute die Leute.

Benchmarking in London und bei U2

Wir haben zwei Hotels gefunden als Benchmark-Partner. Das erste gehört der Pop-Gruppe U2 und steht in Dublin: *Clarence*, ein wunderschönes Beispiel für diesen Minimalismus mit beeindruckender Klarheit und Schlichtheit.

Manische Einfachheit

Das Paradebeispiel aber steht in London und gehört einer berühmten Designerin, Anastasia Hempel. Schon allein die Halle – da friers einen fast. Die Vollversion von Minimalismus. Oder die Bäder: Da ist nichts mehr mit goldenen Wasserhähnen; edle Materialien zwar, aber alles schlicht und einfach. Die Zimmer könnten auch solche aus einem Kloster in Kyoto sein: Fast nur noch ein Futon, spärliche Dekorationen. Dass wir bereits heute den Blumenschmuck in Reagenzgläser stellen, habe ich erwähnt. In London gehen sie noch weiter; die nehmen so gestutzte «Rasierpinsel» aus Gras. Dort gibt es auch keine Pfeffer- oder Salzmühlen mehr aus Acryl, sondern verzinkte kleine Gefäße mit wunderschönen Hornlöffeln – von Hartmann in Wien wahrscheinlich. Es ist ein haptisches Vergnügen, sie in die Hand zu nehmen. Wir bauen natürlich nur eine Light Version von alledem bei uns in der Provinz.

Professor Gertrud Höhler stellte vor längerem fest: «Über 50% der

Bevölkerung sehnen sich nach einem einfacheren Leben.» Uns hängt der Loup de mer in der Salzkruste zu den Ohren raus. Der Modefisch in New York ist der Hering. Einfache Genüsse sind wieder im Kommen.

Saubere Planung

Dann haben wir all die Erkenntnisse verarbeitet, auf unsere Verhältnisse übertragen und mittels einer sauberen Planung unseres Neubaus bis in alle Einzelheiten umgesetzt. Auch dazu einige Details:

- Unsere Gartenarchitektin baut einen japanischen Garten. Jeder Strauch, jeder Stein und jeder Baum wird einzeln von ihr ausgewählt und nach einem genauen Plan gesetzt.
- Es gibt einen Teich mit glasklaremWasser, mit Koys und Schildkröten drin.
- Die Aufgabe an den Architekten lautete: zeitlose Architektur, nur mit Holz und Glas. Das erinnert fast ein bisschen ans Bauhaus; man darf einem Gebäude nie ansehen, in welchem Jahrzehnt es entstanden ist. Die Rastermasse der gesamten Architektur entsprechen den Verhältnissen der japanischen Tatami-Matte: 0.90 x 1.80 oder 90 x 90. Das Kernstück bildet ein Tagungsraum von 240 qm. Da werden wir auch Mini-Kongresse veranstalten können. Die Bühne ist mit einem Auto befahrbar. In der Pausenhalle läuft ein Sushi-Band; dort laufen in der Pause die Espressi, die «Müeslis» und die Fruchtsäfte vorbei, und bei Tagungsende dient die Anlage als Kofferband für den Heimweg-Snack.

Aber wie gesagt, all das funktioniert auch in der Provinz. Man sollte nicht das Gefühl bei sich zulassen: Sowas geht nur in New York oder Paris. Im Gegenteil: Gerade an Orten, die keine Zentren sind, geht so etwas gut – weil Sie die Qualitäten von Ort und Raum erst richtig ausfahren können, mehr als in jeder Metropole.

6. Zum Schluss

Meine Zielsetzungen für die Ausführungen in diesem Teil waren: Sie wütend und betroffen zu machen, Sie zugleich aber auch mit Energie aufzuladen.

Ausreichende Energie mag dazu führen, dass Sie sich vielleicht für den European Quality Award bewerben. Ich verspreche Ihnen eins: Endorphin ohne Ende. Ich verspreche Ihnen weiter: Zwei oder drei Jahre später brauchen Sie eine silberne Schaufel, mit der Sie Ihr Geld im Keller immer wieder umdrehen, damit es nicht anschimmelt. Und ich verspreche Ihnen noch etwas: Wenn Sie sich schwierigen Aufgaben stellen, sollten Sie keine Angst haben, dass Sie ernsthafte Konkurrenz bekommen werden. Von den sieben Finalisten beim EQA 1997 hat sich außer uns nur noch eine kleine dänische Firma ein zweites Mal beworben. Beim Ludwig-Erhard-Preis haben 35 deutsche Unternehmen die Ausschreibungsunterlagen angefordert. Beworben haben sich 14. Je größer die Aufgaben sind, desto weniger Konkurrenz haben Sie zu befürchten.

Ein abschließender Tipp: Quasseln Sie Ihren Leuten gegenüber nicht mehr von Sicherheit. Die ganzen Generationen der Wirtschaftswunderzeit sind dadurch geprägt; Versicherungen und Rüstungsriesen haben Jahr für Jahr um Milliarden mehr Fett angesetzt, und der einzelne wurde jedes Jahr unselbständiger. Sicherheit? Ein Hauch von Weltgeschichte im richtigen Zeitpunkt hat genügt, um den Eisernen Vorhang umzublasen, und der shareholder value hat sich wie Karies in die Wirtschaft eingefressen.

Und trotzdem wird diese große Illusion in Politik und Wirtschaft noch immer herumgeboten. Wenn wir heute in einem Unternehmen überhaupt noch von Sicherheit reden können, dann besteht die Sicherheit in der ständigen Bereitschaft zum Wandel. Das gilt für das Unternehmen genauso wie für jeden einzelnen Mitarbeiter.

Klaus Kobjoll

Zweiter Teil

Die Bewerbung des Schindlerhofs

Kriterium 1: Leadership

1a) Wie Führungskräfte ihr Engagement für eine Kultur des umfassenden Qualitätsmanagements *(Total Quality Management)* zeigen

Unsere Spielkultur bringt in Form von zehn Kerngedanken zum Ausdruck, nach welchen Prioritäten, Werten und Vorstellungen sich unsere Führungskräfte und alle MitunternehmerInnen bei der Führung des Unternehmens richten:

In unserer Spielkultur sind die zehn Kerngedanken zur Führung des Unternehmens wie folgt definiert:

1. Unsere Gäste sollen nicht nur zufrieden, sondern begeistert sein.
2. Wir führen unser Unternehmen ehrlich, zuverlässig und gerecht.
3. Wir befriedigen die hohen Ansprüche unserer Gäste ohne Einschränkung.
4. Wir erfüllen unsere gesellschaftliche und soziale Verpflichtung.
5. Wir bekennen uns zu unserer Verantwortung gegenüber der Umwelt.
6. Wir verfolgen gemeinsame und gemeinsam erarbeitete Unternehmensziele.
7. Wir haben unser Unternehmen klar gegliedert und die Verantwortungsbereiche sauber abgesteckt.
8. Zwischen unserem hohen Anspruch und unserer tatsächlichen Leistung besteht kein Unterschied.
9. Wir erzielen einen Gewinn, der das Unternehmen finanziell unabhängig macht.
10. Wir lassen uns von keinem Mitbewerber überbieten.

Abgeleitet aus diesen Kernaussagen sind sechs Spielregeln für alle Mitarbeiter entstanden:

1. Der Gast steht im Mittelpunkt unseres Tuns.
2. Alle im Unternehmen orientieren sich in ihrem Tun und Handeln am Wohl des Gastes.
3. Der Erfolg unseres Unternehmens resultiert aus den Erfolgen unserer MitunternehmerInnen.
4. Alle MitunternehmerInnen setzen ihr Wissen und Können dafür ein, neue und bessere Lösungsmöglichkeiten zu finden.
5. Je mehr Nutzen wir unseren Gästen bieten, desto höher wird der Nutzen sein, den wir dafür ernten.
6. Alle MitunternehmerInnen haben die Chance, am Unternehmens-Credo mitzuwirken.

Es ist Aufgabe der Führungskräfte, diese Kernaussagen und Spielregeln alle drei bis vier Jahre zu überarbeiten. Nach einer speziell auf die Spielkultur ausgelegten Mitarbeiterbefragung (siehe Kriterium 2c, Seite 128) werden die endgültigen Änderungen durch die Abteilungsleiter im Rahmen des Jahreszielplanmeetings (siehe Kriterium 2a, Seite 121) entschieden und verabschiedet.

Vorgelebt werden diese Werte im täglichen Tun. Unsere Führungskräfte arbeiten alle mit gemäß dem Motto: Jeder Abteilungsleiter ist in der Lage, an allen Positionen seiner Abteilung einzuspringen. Geführt wird durch aktives Vormachen. Alle Führungskräfte haben eine Arbeitszeit von ca. 45–50 Stunden pro Woche. Im Rahmen dieser Arbeitszeit sind die Führungskräfte jederzeit ansprechbar, sobald sie im Unternehmen sind. Sie arbeiten alle stets mit offenen Bürotüren, soweit sie sich im Büro befinden. Bürozeiten werden nur dann durch die Führungskräfte angesetzt, wenn es der betriebliche Ablauf erlaubt, also nie in Stoßzeiten.

Zur Behandlung von speziellen Ereignissen oder Vorkommnissen werden Qualitätszirkel auf Abteilungsleiterebene einberufen. Die Moderation erfolgt über einen der Anwesenden bzw. über einen externen Moderator.

Beispiele:

Datum	Abteilung	Thema
1993/1994	Unternehmensführung	Rezession/Kosten-management
1990/1996	Hotel/Unternehmensleitung	Neues Ambiente
1996	Hotel	Sternzeichenzimmer
1996/97	alle Abteilungen	Konzeption des geplanten Neubaus (Box III)
1998	Unternehmensführung	Euro

Zusätzlich zu diesen Qualitätszirkeln auf Führungsebene sind die Abteilungsleiter Initiatoren für abteilungsspezifische Qualitätszirkel. Bei diesen Veranstaltungen geht es darum, bevorstehende Ereignisse zu planen (z. B. Beginn der Gartensaison), Problemzustände zu verbessern (z. B. Sauberkeit) oder neue Dienstleistungen einzuführen.

Vorgelebt wird aber auch das Verhalten auf Kundenreklamationen. Der Abteilungsleiter entscheidet für alle Beschwerden, die seine Abteilung betreffen, wie reagiert wird. Es ist seine Aufgabe, dafür zu sorgen, daß die Ursachen der Beschwerden erkannt, bearbeitet und zukünftig vermieden werden. Für diesen Zweck sind die Abteilungsleiter alle mit Werkzeugen für Problemlösungen vertraut, wie mit dem Fischgräten-Diagramm, einem Flussdiagramm und dem Pareto-Diagramm (siehe Kriterium 5d, Seite 157).

Die Führungskräfte bilden sich in ihrer Freizeit fachlich und persönlich weiter. Das gewonnene Wissen wird anschließend durch interne Seminare an die Mitarbeiter weitergegeben.

Gleichzeitig übernehmen die Führungskräfte die Organisation der Azubi-Ausflüge im Rahmen der fachlichen Weiterbildung. Wiederkehrende Ausflugsziele sind unter anderem Brauereien, Weingüter, der Porzellanhersteller des eigens für unser Unternehmen kreierten Porzellans, der Champagnerhersteller unserer Marke, Großlieferanten etc.

Hinsichtlich ihres Führungsstils stehen den Abteilungsleitern zwei Informationsquellen zur Verfügung. Einmal die jährlich stattfindende Mitarbeiterbefragung, deren Auswertung zeigt, wie gut die Kommunikation innerhalb der Abteilung, und das «Miteinander umgehen» von den Mitarbeitern, empfunden wird, und zweitens das jährlich stattfindende Beurteilungsgespräch zwischen Unternehmensführung und Abteilungsleiter. Bei diesem Gespräch werden Kriterien wie die «Fluktuationsrate der Abteilung», die «Kranktage der Abteilung», die «Teamarbeit» und der «Führungsstil» angesprochen. Ergebnisse dieser Gespräche werden schriftlich festgehalten und dienen für das nächste Gespräch als Basisgrundlage.

Beispiele der Verbesserung:

Die Fluktuationsrate im Bereich konnte von anfänglich 29% im Januar 97 über 17% im Februar 1997 auf 0% für den Rest des Jahres gesenkt werden.
Bessere Kommunikation zwischen den Abteilungen und dem Housekeeping; die daraus resultierende Dienstplanverknüpfung senkte die Aushilfskosten innerhalb zweier Monate um fast 50%.

1b) Wie Führungskräfte den Verbesserungsprozess innerhalb der Organisation fördern und sich um Kunden, Lieferanten und andere externe Organisationen kümmern

Unsere Abteilungsleiter sind der Motor für unser innerbetriebliches Verbesserungsvorschlagswesen (siehe Kriterium 5d, Seite 157). Es ist ihre Aufgabe, das Ideen-Potential ihrer Mitarbeiter freizusetzen und zu nutzen.

Der dem internen Verbesserungswesen zugrunde liegende Prozess sieht vor:

Alle Verbesserungsvorschläge der Mitarbeiter gehen immer an den entsprechenden Abteilungsleiter. Es ist seine Aufgabe, das Für und Wider mit dem Mitarbeiter zu klären und, je nach Entscheidung, für die Umsetzung zu sorgen. Bis 1997 war es den Mitarbeitern freigestellt, wie viele Vorschläge sie pro Jahr einreichen. Auf Grund dieser Systematik kam es jeweils am Jahresende, nach speziellem Aufruf vor dem Jahreszielplan (siehe Kriterium 2c, Seite 128), zu einer Häufung der Vorschläge. Für 1998

114

wurde die Systematik durch die Abteilungsleiter verfeinert. Ihre Mitarbeiter werden nun monatlich von ihnen aufgefordert, einen Vorschlag abzugeben.

Bisher wurden die Vorschläge beim Jahreszielplan, entsprechend der definierten Kriterien (Kostenersparnis, Steigerung der Gästezufriedenheit, Zeitersparnis, Umweltfreundlichkeit und Erhöhung des persönlichen Wohlbefindens), besprochen und je nach Ergebnis freigegeben bzw. abgelehnt. Seit Januar 1998 wurde in diesem Zusammenhang das MM-Meeting (= Mittwoch-Meeting) der Abteilungsleiter ins Leben gerufen. Alle in dem jeweiligen Monat eingegegangenen Vorschläge, welche nicht alleine durch den Abteilungsleiter entschieden werden können (Kostengründe, Schnittstellenentscheide) werden am ersten oder zweiten Meeting des Folgemonats besprochen und verabschiedet.

Bei größeren Projekten werden durch den Abteilungsleiter Projektteams gebildet. Je nach Bedarf beteiligt sich die Führungskraft entweder direkt oder steht als Berater zur Verfügung. Bleibt sie als Berater außerhalb des Teams tätig, so unterliegt ihr weiterhin die Kontrolle der Fortschritte, und sie kann zur Kontaktaufnahme mit externen Firmen herangezogen werden (z. B. Akquisition externer Berater, Akquisition von Lieferanten etc.).

Benötigen die am Projekt beteiligten Teammitarbeiter gewisse Freistellungen während der Arbeitszeit, so unterliegt es dem Abteilungsleiter, diese zu gewähren. Als Beispiele können angeführt werden:

- Innerhalb des Projektes «ISO 9001» wurden alle zehn Mitarbeiter für die Workshops freigestellt (entsprach 200 Tagen).
- Seit für den Arbeitskreis «Jugend im Unternehmen» ein internes Weiterbildungsangebot entwickelt wurde (seit Ende 1997), werden alle Auszubildenden alle zwei Monate einen halben Tag freigestellt.
- Seit 1997 ist am Tag der Teamweihnachtsfeier der Betrieb den ganzen Tag (bisher nur am Abend) geschlossen. Der gewonnene Vormittag wird zur Vorstellung und Vertiefung des neuen Jahreszielplans genutzt.

Die Budgetierung für die Mitarbeiterideen erfolgt jeweils durch die gesamte Führungsmannschaft im Rahmen des Jahreszielplans (siehe Kriterium 2c, Seite 128). Die Zuteilung innerhalb der Abteilung erfolgt durch den Abteilungsleiter.

Für den Abteilungsleiter sind die Anzahl der eingereichten Vorschläge und deren Auswirkungen für den Betrieb ein Messkriterium im Rahmen seiner Mitarbeiter-Orientierungsgespräche (siehe Kriterium 3a, Seite 131). Ergebnisse dieser Orientierungsgespräche können bei der Besetzung freiwerdender interner Führungspositionen ausschlaggebend sein. Bedingt durch die kleine Größe des Unternehmens, sind die Möglichkeiten auf Beförderung jedoch sehr gering. Dennoch gibt es Beispiele hierfür: Ernennung einer ausgelernten Auszubildenden direkt im Anschluß an ihre Abschlussprüfung zur stellvertretenden Restaurantleitung, Ernennung eines *chef de rangs* im Bankett zur Bankettleiterin, Ernennung des stellvertretenden Restaurantleiters zum Abteilungsleiter Housekeeping, Ernennung eines *chef de rangs* zur stellvertretenden Restaurantleitung.

Anerkennung bedeutet, alle herausragenden Leistungen Einzelner oder eines Teams zu honorieren. Wir unterscheiden zwischen der Ebene, die den konstanten Einsatz im Unternehmen honoriert und dadurch viele pauschale Anerkennungsrituale enthält, und der Ebene, die herausragende Leistungen und Ideen honoriert, zum Beispiel außerordentliche Stundenleistungen im Sinne von der Länge des Arbeitstages, Umsatzspitzen und Innovationen mit großer Folgewirkung.

Pauschale Anerkennungsrituale sind unter anderem:

- Verabschiedung der Mitarbeiter durch den Abteilungsleiter mit Champagner, Blumen und Geschenk;
- Brief und Geschenk für jeden Mitarbeiter vor und nach dem Urlaub;
- die Wahl des persönlichen Geburtstagsessens;
- Dankesbriefe der Gäste werden durch die Unternehmensführung kommentiert und an den/die betroffene Mitarbeiterin ausgehändigt (diese Regelung wurde 1993 eingeführt, nachdem aus der in diesem Jahr durchgeführten Mitarbeiter-Befragung klar hervorging, daß die Mitarbeiter öfters gelobt werden möchten).

Auf der zweiten Ebene haben sich folgende Rituale bewährt:

- Prämien bei Erreichung der geplanten Sollzahlen;
- Geschenke, Kurzurlaube und Gutscheine für Innovationen, abhängig von der Effizienz der Innovation;
- eine vom Prämiensystem unabhängige Küchenprämie für einen starken Gartenbetrieb im Sommer;
- Honorierung von guten Zeugnissen der Auszubildenden mit Büchern, Uhren oder branchenspezifischen Bedarfsartikeln;
- Honorierung von Teams, die in ihrer Freizeit für das Unternehmen aktiv geworden sind (ISO-Team flog für drei Tage nach New York; Auszubildende wurden in die Schweiz eingeladen);
- Schlüsselpersonen für unsere Kunden und Lieferanten sind unsere Abteilungsleiter. Sie sind die Gastgeber für unsere Kunden und die Kunden unserer Lieferanten. Auch in diesen beiden Rollen gehört Anerkennung zu den Aufgaben der Führungskräfte.

Ideen und positive Beurteilungskärtchen von Gästen (siehe Kriterium 5a, Seite 149) werden immer beantwortet. Allein 1997 wurden durch die Abteilungsleiter 1105 Dankesbriefe an Gäste verschickt. Bis 1995 wurden diese Briefe immer durch die Unternehmensführung unterschrieben. Eine Verfeinerung des Systems fand 1997 statt. Seitdem unterschreibt der von der Kundenäußerung betroffene Abteilungsleiter.

Ein kontinuierlicher Austausch an Erfahrungen zwischen den Abteilungsleitern und unseren Kunden hat oberste Priorität. Für diesen aktiven Prozess nutzen die Führungskräfte verschiedene Instrumente:

1. Den persönlichen Kontakt beim Gastbesuch vor Ort;
2. seit 1988 wird jedes Jahr eine Sekretärinnenparty veranstaltet;
3. alle Abteilungsleiter führen Stammkundenbefragungen durch (siehe Kriterium 5a, Seite 149);
4. Veranstaltung von «Big Events», alle 1–2 Jahre, mit ca. 500 bis 1000 Stammgästen, Stammlieferanten und Geschäftsfreunden.

Die Beziehung zu den Lieferanten wird sowohl durch den regelmäßigen Kontakt bei der Bestellung wie auch durch die einmal jährlich stattfindenden Lieferantengespräche geprägt. Neben finanziellen Aspekten (Jahresrückvergütung) werden Punkte angesprochen wie: Können Innovationen, die sich in unserem Unternehmen bewährt haben, auch in anderen Unternehmen umgesetzt werden? Sind die Lieferzeiten kundenorientiert? Sind die Lieferbedingungen kundenorientiert? Werden die Lieferzeiten eingehalten, sind die Lieferungen entsprechend der Bestellung?

Aus diesen Gesprächen bereits resultierende Verbesserungen sind:

- Einführung von geregelten Lieferzeiten außerhalb der Servicezeiten, speziell bei Gartenbetrieb
- Wäscherei liefert Wäsche nach Größe und Farben sortiert
- Reduzierung des Verpackungsmaterials durch Nutzung von Mehrzweckgebinden
- Ausgangskontrollen bei Lieferanten

Es unterliegt den Führungskräften, unsere Stammlieferanten in deren Unternehmen zu besuchen. Bewährt haben sich jährliche Besuche bei den Weinlieferanten, bei unserer Brauerei, bei der Firma Schöller (Eiscreme), alle zwei Jahre ein Besuch der Unternehmensführung bei unserem Champagnerhersteller und situationsbezogene Besuche wie z. B. in der Wäscherei, der Porzellanfabrik oder bei einem Möbelhersteller im Rahmen von Umbauarbeiten in den Hotelzimmern.

Seit der Auszeichnung «Hotelier des Jahres 1990» übernahm das Landhotel Schindlerhof mit seinem Mitarbeitermodell eine immer größer werdende Führungsrolle im Bereich «Soft Management» für die eigene Branche, aber auch über die eigene Branche hinaus.

Die Nachfrage nach Klaus Kobjoll als Referent stieg in den folgenden Jahren kontinuierlich an. Ausgehend von ca. 40 Tagen im Jahr 1990 waren es in den Jahren 1994 und 1995 fast 200 Seminartage pro Jahr. Die Teilnehmer an diesen Seminaren kommen aus allen Branchen und aus allen Ebenen. Im Rahmen dieser Seminare erhalten die Seminarteilnehmer Einblick in alle von uns erarbeiteten Unterlagen. Sie bekommen Hinweise, welche Strategien und Methoden sich besonders bewährt haben und wie sie die Umsetzung im eigenen Unternehmen aktiv betreiben können. Auf Grund der starken Nachfrage schrieb Klaus Kobjoll 1993 das Buch

118

«Motivaction», das derzeit bereits in der achten Auflage vorliegt. 1995 verfaßte er das Buch «Virtuoses Marketing», in dem inhaltlich praxisbezogene, im Schindlerhof bereits umgesetzte Marketingideen, Marketingstrategien und Möglichkeiten zur Verbesserung beschrieben sind.

Neben der bezahlten Referententätigkeit absolviert Klaus Kobjoll jedes Jahr sechs bis zehn Gratisvorträge für Hotelfachschulen, Berufsfachschulen und Fachhochschulen. 1990 wurde er zum Dozenten der Fachhochschule Nürnberg berufen. Gleichzeitig wurden wir Anlaufpunkt für fachliche Exkursionen. Schüler und Studenten aus ganz Deutschland, Österreich und der Schweiz kommen zu Besichtigungen. Die Anzahl an Hausführungen stieg von ca. sechs Führungen im Jahr 1990 auf ca. 20 im Jahr 1997.

Seit der Zertifizierung nach ISO 9001 im Jahr 1995 verstärkte sich die Nachfrage nach Vorträgen zu diesem speziellen Thema. Es wurde erforderlich, dass auch die Qualitätsmanagement-Beauftragte immer öfter Vorträge zu den von uns gewonnenen Erfahrungen hielt. Nach der Beteiligung 1997 um den EQA vervielfachten sich die Anfragen. So erhöhten sich die Referententage des QMB von vier Tagen im Jahr 1995 auf derzeit gebuchte 20 Tage im Jahr 1998.

Bedingt durch den kleinen Kreis an Mitarbeitern bleibt es eine Unternehmensstrategie, die Referententätigkeit vorerst auf zwei Führungskräfte zu beschränken. Ausgenommen hiervon sind die Vorträge und Hausführungen für Berufsschulen, Fachhochschulen bzw. Hotelfachschulen. Diese werden grundsätzlich durch die Bereichsleiter geführt. Mittelfristig ist geplant, das Engagement nach außen durch spezielle Seminarangebote zum Thema TQM in der Dienstleistung zu vergrößern.

Für alle in unserem Unternehmen umgesetzten Strategien, die erarbeiteten Formulare, Checklisten und die gewonnenen Erkenntnisse gilt, dass sie möglichst vielen Menschen zur Verfügung gestellt werden sollten, um deren konstante Verbesserung anzuregen. In diesem Zusammenhang sei angeführt, daß unser Modell immer wieder als Grundlage für Seminararbeiten an Hochschulen genutzt wird. (1992 «Unternehmenskultur in der Hotellerie»; 1994 «Voraussetzungen für eine erfolgreiche Unternehmensgründung im Gastgewerbe»; 1996 «Herkömmliche Probleme der

Motivation im klassischen gastronomischen Gewerbe – und die Umsetzung theoretischer Lösungsansätze nach Kobjoll») Gleichzeitig war das Unternehmerehepaar maßgeblich an dem Aufbau der Hotelkooperation «Landidyll» beteiligt, deren Präsident Klaus Kobjoll von 1988 bis 1996 war und in deren Kreis das Landhotel Schindlerhof stets die Vorbildfunktion innehatte.

Kriterium 2: Strategie und Planung

Der Bereich Strategie und Planung umfaßt drei Ebenen:

- Die Spielkultur steht für die langfristigen, nicht quantifizierten Unternehmensziele.
- Der Periodenzielplan steht für die mittelfristigen Unternehmensziele.
- Der Jahreszielplan umfaßt die kurzfristigen quantitativen und qualitativen Ziele.

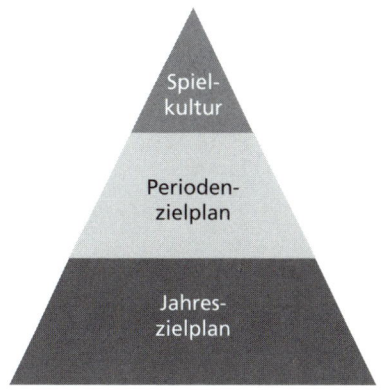

2a) Wie relevante und umfassende Informationen zur Festlegung von Politik und Strategie genutzt werden.

Die Instrumente für Strategie und Planung liegen in folgender Zeitspanne:

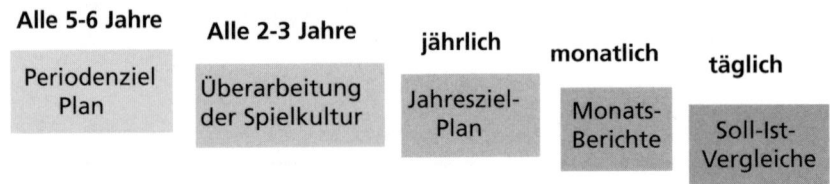

Alle 5-6 Jahre	Alle 2-3 Jahre	jährlich	monatlich	täglich
Periodenziel Plan	Überarbeitung der Spielkultur	Jahresziel-Plan	Monats-Berichte	Soll-Ist-Vergleiche

Um die für die strategische Planung nötigen Informationen zu erhalten, hat sich folgende Strukturierung bewährt:

Die Erstellung des Periodenzielplans führten wir im Jahr 1992 erstmalig ein. Ausschlaggebend war damals das Ergebnis einer Mitarbeiterbefragung, die in Bezug auf den Informationsfluss schlechte Ergebnisse zeigte. Es hatten sich Gerüchte über den Verkauf des Unternehmens eingeschlichen, die wir ein für allemal aus dem Weg räumen wollten. Der Periodenzielplan wird zum Jahreswechsel überarbeitet. Bestandteile des Periodenzielplans sind sowohl qualitative wie auch quantitative Ziele. Die quantitativen Ziele sind rollierend, das heißt, sie werden jedes Jahr entsprechend der Entwicklung des Marktes und des Unternehmens angepasst. Die für 1997 gesetzten qualitativen Ziele, «TQM, neues Ambiente im Restaurant, Opinion-Leader im Bereich Soft Management» wurden alle erreicht.

Die Spielkultur wird alle drei bis vier Jahre überarbeitet (siehe Kriterium 1a., Seite 111) In diese langfristigen, nicht messbar formulierten Unternehmensziele fließen in erster Linie Änderungen im Bereich des ökologischen und soziologischen Umfelds und Änderungen, bezogen auf qualitative Maßstäbe des Unternehmens.

Der Jahreszielplan ist unser wichtigstes strategisches Instrument. Der erste Jahreszielplan datiert aus dem Jahr 1988. Der Prozess wurde seither ständig überprüft und verfeinert.

1988	1 Tag (ca. 10 Seiten Umfang
1990	3 Tage (+ Umsatzplanung pro Monat/Abteilung
1991	4 Tage (+ Vorschaltung des Strategietags (ca.30 Seiten)
1995	wie gehabt (+ Einführung der Gewinnrechnung)
	(+ Abschlusstag zur mentalen Verarbeitung (bereits seit 1993)
1997	wie gehabt (+ Erhöhung auf zwei Strategietage Erhöhung auf zwei Tage mentale Verankerung)
1998	wie gehabt (+ Einführung der Deckungsbeitrags- rechnung)

Seit 1991 schalteten wir dem Jahreszielplan zusätzlich einen Strategietag vor, der durch einen externen Unternehmensberater begleitet wird.

An diesem Tag werden, basierend auf den gesammelten Informationen (siehe Abbildung auf Seite 122), Marktsituation und derzeitige Wettbewerbsstellung diskutiert. Die Ergebnisse werden in einer 9-Felder-Portfolio-Analyse festgehalten, so dass vom Stand (hoch-tief, gut-schlecht) zukünftige Strategien abgeleitet werden können.

Für die Marktsituation	Für die eigene Marktstellung
1. das derzeitige Marktvolumen	6. der eigene Marktanteil
2. die Marktchancen	7. die Qualität der eigenen
3. ob sich Preisveränderungen	Produkte und Dienstleistungen
auswirken	8. das eigene Image
4. Eintrittsbarrieren für Dritte	9. die Infrastruktur
5. Risikoträchtigkeit	10. die Rendite
6. die Konkurrenzsituation	11. die effektive Wirkung unseres
	Marketingkonzeptes

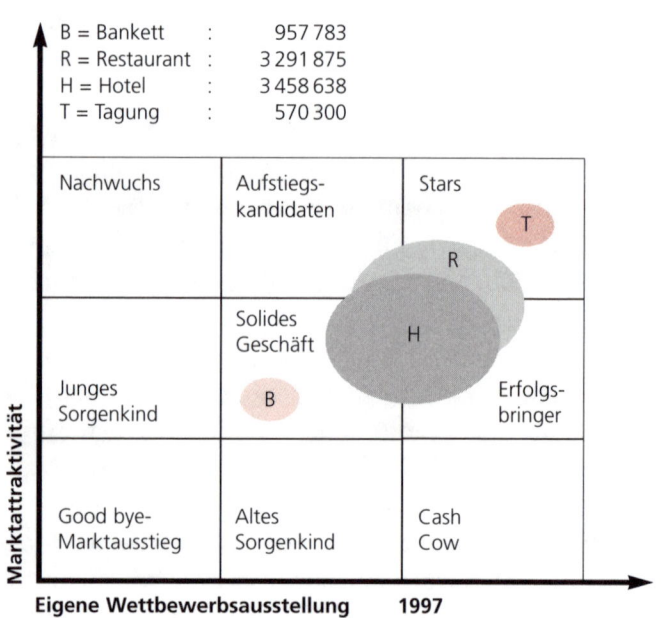

```
B = Bankett    :    957 783
R = Restaurant :  3 291 875
H = Hotel      :  3 458 638
T = Tagung     :    570 300
```

1991 fiel weiterhin der Entschluss, alle Umsatzträger (Restaurant, Hotel, Tagung) unter eine Dachmarke zu stellen. 1993 wurde entschieden, zusätzliches Bauland zu erwerben. 1994 fiel die Entscheidung, Seminare von Klaus Kobjoll verstärkt im eigenen Betrieb durchzuführen, um den Einbruch im Übernachtungsmarkt aufzufangen. 1995 wurden Aktionen im Bereich Stammkundenmarketing festgelegt. 1996 fiel der Entschluss, den

Tagungsbereich weiter zu vergrößern (Neubau Box III). 1997 wurde die Organisationsform für die Abteilung Restaurant/Bankett neu gestaltet.

Im Anschluss an diesen Strategietag planen alle Abteilungsleiter gemeinsam mit ihren Mitarbeitern den Umsatz ihrer Abteilung für das Folgejahr – auf den Monat herunter gebrochen – anhand der erreichten Umsätze des laufenden Jahres (November und Dezember werden sorgfältig geschätzt) plus Preiserhöhung plus echten Zuwachs. Der echte Zuwachs muss mit Aktionen, Maßnahmen bzw. Marketinginstrumenten begründet werden, die zur Erreichung des Zuwachses eingesetzt werden sollen.

Ebenfalls dem Jahreszielplan vorgeschaltet sind Diskussionsrunden zwischen Abteilungsleiter und ihren Mitarbeitern bezüglich der Investitionswünsche und ein Aufruf an das gesamte Team, über weitere Verbesserungsvorschläge nachzudenken. Zur gleichen Zeit werden alle Mitbewerberkontrollen auf den aktuellen Stand gebracht.

Die tatsächliche Jahreszielplan-Tagung läuft wie folgt schematisch ab:

- Akribisches Durchforsten des Jahreszielplans des zu Ende gehenden Jahres auf Nicht-Erledigtes;
- Neue Terminierung dieser nicht erledigten Positionen in Form von Mini-Projekten (wer erledigt was bis wann), Anerkennung des «zweiten Anlaufes» durch Unterschrift der Betroffenen;
- Review Berichte über das endende Jahr (Reklamationsauswertung, Kennzahlen, Vorschlagswesen, QM-System);
- *Neu:* Anhand der neun Kriterien des EFQM-Modells werden Maßnahmen festgelegt, die uns im Rahmen des Modells einen Schritt weiter in Richtung von «Business Exellence» bringen;
- Die Kernprozesse werden überprüft;
- Präsentation, Diskussion und Verabschiedung der geplanten Umsätze;
- Deckungsbeitragsrechnung (siehe Kriterium 4);
- Definierung der Organisationsziele, Beschaffungsziele, Marketingziele und Mitarbeiterziele;
- Zusammenstellung von Text- und Photoprotokoll und Signierung des Jahreszielplanes.

In der Jahren von 1993 bis 1996 diente der vierte Tag der mentalen Gruppenarbeit. Unter externer Leitung werden die gemeinsam erarbeiteten Ziele im Unterbewusstsein verankert (z. B. durch Meditation und Imagination). Seit 1997 stehen für die mentale Verankerung zwei Tage zur Verfügung und sie findet ca. zwei bis drei Wochen nach dem Jahreszielplan im eigenen Unternehmen statt.

Im Anschluss an den Jahreszielplan werden durch die Abteilungsleiter die Marketingkonzepte ihrer Abteilung überprüft und falls nötig aktualisiert. Die unterschiedlichen Konzepte spiegeln sich in den unterschiedlichen Positionierungen wieder:

Diese Einzelpositionierungen sind bis heute unverändert und bildeten die Grundlage bei der Gestaltung unseres neuen Hausprospekts 1994.	Restaurant	«Alle Sinne werden satt»
	Bankett	«Wir setzen Sie in Szene»
	Hotel	«Viel Spaß in fremden Betten»
	Tagung	«Tagen im Gleichklang von Geist und Gefühl»

2b) Wie Politik und Strategie bekannt gemacht und umgesetzt werden

Die Kommunikation von Strategie und Planung beginnt bereits bevor ein Mitarbeiter seinen ersten Arbeitstag antritt. Im Bewerbungsprozess erhält er, zusammen mit dem persönlichen Anschreiben seines zukünftigen Abteilungsleiters, ein Exemplar unserer Spielkultur, um sich im Vorfeld mit den langfristigen Unternehmenszielen vertraut machen zu können. Ist er im Unternehmen, so erhält er am ersten Arbeitstag das aktuelle Exemplar unseres Jahreszielplanes, aus dem er alle Zielsetzungen für das laufende Jahr entnehmen kann.

Intern wird das Verständnis der Spielkultur im Rahmen der internen Audits (ISO 9001) jährlich überprüft und alle drei bis vier Jahre durch die auf die Spielkultur ausgerichtete Mitarbeiterbefragung (siehe Kriterium 2c, Seite 128) neu positioniert. Bis 1992 erfolgte die Verteilung des Jahreszielplans im Dezember durch die Abteilungsleiter. Jeder Mitarbeiter

126

erhielt ein persönliches Exemplar. Seit 1993 wird er an die private Anschrift verschickt. Gleichzeitig haben wir 1993 eingeführt, jedem Jahreszielplan ein Exemplar der Spielkultur beizulegen.

Seit 1994 findet unterstützend dazu eine interne Veranstaltung statt, bei denen der neue Jahreszielplan allen Mitarbeitern durch Herrn Kobjoll persönlich vorgestellt wird. An diesem Tag werden die verabschiedeten Investitionsentscheidungen, Gründe für die Umsatzplanung und die zukünftigen Strategien erläutert und deren Bedeutung für den Einzelnen dargestellt. 1998 wurde dieser Vorgang erstmalig durch eine zusätzliche Befragung zum Jahreszielplan ergänzt. Intention dieser Befragung ist es sicherzustellen, dass der Jahreszielplan von allen Mitarbeitern verstanden worden ist.

Die Integration der gesetzten Ziele in den täglichen Ablauf erfolgt zum einen durch einen durch den Abteilungsleiter erstellten Monatsbericht, zum anderen durch die Verknüpfung der Unternehmensziele mit den Zielen für den Einzelnen anhand des Mitarbeiterorientierungsgespräches (siehe Kriterium 3, Seite 131).

Wurden Ziele gesetzt, die bereits installierte Prozesse betreffen, so erfolgt ein Abgleich zwischen Prozess und den neuen Zielen, und es werden entsprechende Maßnahmen ergriffen ...

Beispiele:

Ziel	Integration in den Prozess
Verkürzung der Wartezeit beim Essen	Erstellen eines Streudiagramms bezüglich der Zeit zwischen Abruf der Speise und Servieren der Speise
Senkung des Kostenfaktors «Instandhaltung»	Zuordnung einer neuen Messgröße an den Prozess Instandhaltung betreffend des kritischen Punktes «Bedienungsfehler»

Die am Strategietag getroffenen Entscheidungen werden immer im Jahreszielpan erfasst und durch ihn kommuniziert.

Beispiele hierfür sind:

für 1993	«Wir durchbrechen die Schallmauer von DM 200,– beim Zimmerpreis.»
für 1994	« Die Erweiterung des Unternehmens (Neubau Box III) wird vorerst zurückgestellt.»
für 1995	« Stammkundenmarketing verstärken.»
für 1996	«Wir sagen vorerst nein zu der Verwendung von Convenience Produkten im größeren Stil.»
für 1997	«Stellung der Kernbereiche Restaurant, Hotel, Tagung werden gefestigt.»
für 1998	«Neue Organisationsform in der Abteilung Restaurant» «Unsere Abteilungen werden zu Profit-Centers.»

Die Kommunikation von Politik und Strategie erfolgt aber nicht nur intern, sondern auch extern. Die Spielkultur liegt im gesamten Unternehmen aus. Sie ist Bestandteil der Informationsmappen, die unser Haus verlassen. Ebenfalls erhalten alle Stammkunden, Stammlieferanten und die mit uns in Geschäftsverbindung stehenden Banken, externen Berater und Steuerberater eine Kopie des Jahreszielplanes.

2c) Wie Politik und Strategie regelmäßig aktualisiert und verbessert werden

Wie bereits mehrfach angesprochen wird die Spielkultur alle drei bis vier Jahre überarbeitet. Fester Bestandteil dieser Überarbeitung ist eine Mitarbeiterbefragung.

Da der Altersunterschied zwischen Führungsebene und Mitarbeitern ständig wächst (geringe Fluktuation auf Führungsebene), liegt der Schwerpunkt der Befragung darin, die Wertvorstellungen und Verhaltensnormen der nächsten Generation zu erfassen und diesen anschließend gerecht zu werden.

Auszug der gestellten Fragen:

Was gefällt Ihnen an unserem Leitbild besonders gut? Halten Sie die langfristigen Unternehmensziele für richtig und gut? Haben Sie Verbesserungsvorschläge bei den Wertvorstellungen und Verhaltensnormen? Können Sie sich weitgehend mit dem Unternehmen identifizieren?

Beispiele hierfür sind:

1985	Erstauflage mit 13 Kerngedanken und 14 Spielregeln
1990	Aufnahme des Umweltgedankens: «Wir sind uns im Handeln unserer Verantwortung der Umwelt gegenüber bewußt.»
1993	Ein Wandel in der menschlichen Bedürfnisstruktur: «Namenswechsel von Unternehmenskultur in Spielkultur», «Mitarbeiter werden zu MitunternehmerInnen». Der Trend nach artgerechter Erzeugung wurde aufgegriffen: «Wir verwenden in unserem Restaurant nur frische Rohprodukte von hochwertiger Qualität.»
1995	Unterschriften aller Mitarbeiter werden Bestandteil der Spielkultur
1998 (im Entwurf)	Neues Textelement: «Die Zertifizierung nach ISO 9001 hat unseren hohen Qualitätsanspruch standardisiert. Fehler in diesen Bereichen können nicht akzeptiert werden.»

Die im Jahreszielplan gesetzten quantitativen und qualitativen Ziele werden über Kennzahlen kontrolliert.

täglich	Gegenüberstellung von Soll-Umsatz und Ist-Umsatz
monatlich	Gegenüberstellung von Soll-Umsatz und Ist-Umsatz bezogen auf das aktuelle Jahr und bezogen auf die letzten 4 Jahre
monatlich	Ermittlung der Abweichungen bei den Kernzahlen «Teamkosten» und «Wareneinsatz»
monatlich	Auswertung der Reklamationen
monatlich	Auswertung der wichtigsten Prozessmessgrößen

Ein klares Kostenmanagement regelt umsatzbezogene Abweichungen. Abweichungen im Bereich der Teamkosten werden durch Nutzung der natürlichen Fluktuation aufgefangen, Abweichungen bei den Warenkosten durch straffere Preisverhandlungen oder durch eine Veränderung der Angebotsstruktur.

Bei strategischen Entscheidungen, die mit hohen Investitionen verknüpft sind, werden die Banken und der Steuerberater im Vorfeld mit einbezogen. So stand die Finanzierung für den neuen Anbau im Jahr 1998 bereits 1996 fest.

Kriterium 3: Mitarbeiterorientierung

Führen mit Visionen: «Freizeitähnliche Arbeit bei höchsten Entscheidungsspielräumen in einem Team, das sich freundschaftlich verbunden ist» lautet die Sinn-Vision im Schindlerhof, auf der das gesamte Mitarbeitermodell aufbaut.

3a) Wie die Organisation ihre Mitarbeiterressourcen plant und verbesssert

Wir bezeichnen die «Herzlichkeit unserer Mitarbeiter» als eine unserer strategischen Erfolgspositionen. Um diesem Anspruch gerecht zu werden, bildet das gesamte Mitarbeitermodell einen unserer Kernprozesse.

Das Fähigkeitsprofil für unsere Mitarbeiter wird durch die jeweils gültige Spielkultur definiert. In der heutigen Auflage sind die Fähigkeiten der Mitarbeiter wie folgt definiert:

«Wir beschäftigen in allen Bereichen die besten und fähigsten MitunternehmerInnen der gesamten Branche. Freundlichkeit, Kreativität, Flexibilität, Leistungsbereitschaft und Fachwissen sind beispielhaft.»

In der Umsetzung nutzen wir folgende Instrumente:

Mittel	Zweck
Die Art der Anzeigengestaltung. Alle Anzeigen spiegeln unser «Corporate behavior» wider. Die Unternehmenswerte «Freude, Freiheit, und Harmonie» gehen bereits aus der Anzeige hervor.	Unsere Anzeigen heben sich von den Anzeigen der Mitbewerber ab.
Ein eigens für unser Unternehmen gestalteter Mitarbeiterprospekt.	Wird in öffentlichen Schulen, Hotelfachschulen und Arbeitsämtern ausgelegt.
Der kontinuierliche Kontakt zu «Ehemaligen»	Besetzung von freiwerdenden internen Stellen durch ehemalige Mitarbeiter
Harter, aber fairer Einstellungsfilter.	Einheitliches Mitarbeiterprofil

Das wichtigste Mittel ist unser Einstellungsfilter. Der Prozess läuft folgendermaßen ab:

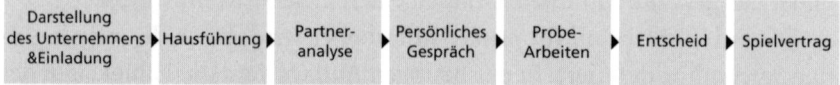

1. Potentielle Bewerber erhalten als erstes ein Kurzporträt über das Unternehmen, welches Umsatzziele und betriebliche Kernzahlen enthält, einen persönlichen Einladungsbrief der zukünftigen Führungskraft, die Spielkultur, aktuelle Presseberichte (seit 1990), ein Kurzporträt von Klaus Kobjoll, unseren Hausprospekt, den Mitarbeiterprospekt (seit 1992) und das Organigramm.
2. Nimmt der Bewerber die Einladung zu einem persönlichen Kennenlernen an, so erhält er vor Ort als erstes eine ausführliche Hausführung vor und hinter den Kulissen.
3. Anschließend muß jeder Bewerber eine von uns entworfene Partneranalyse ausfüllen, die Fragen stellt über seine Neigungen, seine Kenntnisse und seine Erwartungen. Diese Partneranalyse dient bei späteren

Mitarbeiter-Orientierungsgesprächen als Grundlage für den individuellen Weiterbildungsplan.

4. Nach Beendigung dieser schriftlichen Aufgabe kommt es zu einem persönlichen Vorstellungsgespräch mit der Unternehmensführung bzw. mit dem zukünftigen Abteilungsleiter.

5. Besteht anschließend noch Interesse an einer Zusammenarbeit, wird ein Termin für ein zweitägiges Probearbeiten vereinbart. Während dieser zwei Tage haben Mitarbeiter und Abteilungsleiter die Möglichkeit, den Bewerber kennenzulernen und zu beurteilen. Gleichzeitig hat der Bewerber die Möglichkeit, seine zukünftige Arbeitsstelle und die an ihn/sie gestellten Anforderungen kennenzulernen.

6. Bei Einstellungen von Führungskräften wird ein graphologisches Gutachten erstellt.

7. Hat der Bewerber alle Schritte durchlaufen und besteht beiderseits weiterhin Einigkeit, so erhält der Arbeitnehmer seinen Spielvertrag (= Arbeitsvertrag).

Die Effektivität dieses Prozesses spiegelt sich in der geringen Fluktuation während der Probezeit wieder (siehe Kriterium 9b, Seite 183).

Für die Besetzung freiwerdender Stellen gilt jedoch stets:

Priorität A   = Stelle intern besetzen
Priorität B   = Stelle durch ehemalige Mitarbeiter besetzen
Priorität C   = Stelle extern besetzen

Als Basis für die permanente Weiterentwicklung unserer Mitarbeiter dienen uns der interne Weiterbildungsplan, die Ergebnisse der Mitarbeiterorientierungsgespräche (einmal jährlich) und die bei der Einstellung ausgefüllte Partneranalyse. Das Orientierungsgespräch führten wir auf Führungsebene bereits 1987 ein. Seit 1988 wird es mit allen Mitarbeitern geführt. Derzeit basiert das Gespräch auf einer Beurteilungsskala, die folgende Kriterien enthält:

Flexibilität	Arbeitssystematik	Kreativität
Äußere Erscheinung	Kritikfähigkeit	Arbeitsqualität
Überstundenbereitschaft	Innovationsfreudigkeit	Fleiß
Teamfähigkeit	Unternehmerisches Denken	Konsequenz in der Umsetzung
Fortbildungsinteresse	Einfühlungsvermögen	Einhalten des Teamkonzeptes
Zuverlässigkeit	Pünktlichkeit	Loyalität

Jeder Mitarbeiter beurteilt sich selbst anhand dieser Kriterien mit einer Notenskala von 1–6 (1 = sehr gut; 6 = ungenügend). Anschließend erfolgt die Beurteilung durch den Abteilungsleiter. In dem folgenden Gespräch werden die größten Abweichungen bzw. die verbesserungswürdigen Kriterien diskutiert. Es werden konkrete Ziele für das kommende Jahr vereinbart. Liegt bereits ein Protokoll aus dem vorherigen Jahr vor, so wird dies dem neuen Ergebnis gegenübergestellt. Wurden Ziele aus dem letzten Jahr nicht erreicht, so erfordert dies eine Begründung.

Diese Spinne in ihrer jetzigen Form läuft seit 1998. Ergänzt wurde das Orientierungsgespräch durch offene Fragen bezüglich der Karriereplanung des Mitarbeiters. Diese Ergebnisse fließen in die langfristige Mitarbeiterplanung.

Ergibt ein Orientierungsgespräch, daß dem Mitarbeiter derzeit zur beruflichen und persönlichen Weiterbildung in unserem Unternehmen nicht die richtige Position zur Verfügung steht, so werden Schritte unternommen, dem Mitarbeiter außerhalb des Unternehmens die passende Stelle zu beschaffen (z.B. Vermittlung eines Hotelbetriebes im Ausland, Vermittlung einer Führungsposition, Finanzierungsstütze zur Weiterbildung). Gleichzeitig wird die Möglichkeit mit ihm diskutiert, zu einem späteren Zeitpunkt im Rahmen der natürlichen Fluktuation, erneut in unserem Unternehmen zu arbeiten.

Für unsere Auszubildenden gelten die gleichen Grundlagen zur Beurteilung ihrer Leistungen im Unternehmen. Seit 1997 gibt es einen, den Auszubildenden durch seine gesamte Ausbildung begleitenden Beurteilungsbogen. Dieser Bogen wird durch den Abteilungsleiter ausgefüllt, wenn er den Auszubildenden an die nächste Abteilung übergibt. Als weiteres Beurteilungskriterium ziehen wir die Berufsschulzeugnisse heran (Duales System). Starke Notenschwankungen in bestimmten Fächern werden durch interne Schulungen (z. B. fachspezifische Seminare), Nachhilfeunterricht durch Führungskräfte und das Bereitstellen von Fachliteratur behoben. Mit jedem Auszubildenden wird seit 1996 nach der Probezeit ein Übernahmegespräch geführt. Es geht darum herauszufinden, ob der Auszubildende sich in unserem Unternehmen wohlfühlt, ob es Probleme bei der Integration ins Team gibt, wo er Stärken und Schwächen im gelebten Zusammenarbeiten sieht und ob er Unterstützung in irgendeiner Form benötigt.

3b) Wie Mitarbeiter beteiligt und zu selbstständigem Handeln autorisiert werden

Der Einbezug aller Mitarbeiter in die gemeinsamen Unternehmensziele verdeutlicht sich bereits in unserem Organigramm. Das Organigramm wurde im Jahr 1991 auf den Kopf gestellt. Die Unternehmensführung steht als Pfeiler ganz unten, entsprechend ihrer tragenden Funktion. Abteilungsleiter und ihre Mitarbeiter stehen in ihrer Gesamtheit als Team in Spalten. Alle Teams haben die gleiche Wertigkeit.

Es ist Unternehmensstrategie, jedem Mitarbeiter die «totale Verantwortung», unter Beibehaltung der Rechenschaftspflicht, für seine Aufgaben zu übertragen. Wir sind überzeugt, daß der Grad der Eigenverantwortung ausschlaggebend ist für den Grad der Identifikation. In diesem Rahmen obliegt es dem Mitarbeiter:

auf Gastreklamationen zu reagieren	d. h. er kann den Rahmen der sofortigen Wiedergutmachung bestimmen
seine Prozessabläufe zu hinterfragen und ggf. zu korrigieren	d. h. Teilnahme an Qualitätszirkeln bzw. Teilnahme an den internen Audits
seine Verbesserungsvorschläge selber umzusetzen	d. h. er muss nach Rücksprache mit dem Abteilungsleiter geeignete Maßnahmen einleiten bzw. die nötigen Mittel beschaffen

Derzeit laufen folgende Verbesserungsprojekte bzw. Qualitätszirkel:

Abteilung	Thematik
Küche	neues Hygienegesetz
Service	Neu-Organisation der Zuständigkeitsbereiche
Tagung	Anbau von zusätzlichen Tagungsräumen

Eine weitere strategische Entscheidung ist der Anspruch auf totale Transparenz der Ziele für alle Mitarbeiter.

Ansporn für jedes Team ist der Jahreszielplan, dessen qualitative und quantitative Ziele es zu erreichen gilt. Ein täglich an den Informationstafeln (= Schwarzes Brett) ausgehängter Erfolgsspiegel gibt genaue Auskunft über den Stand der Umsätze im Soll-Ist-Vergleich.

Dieser Vorgang wurde im Jahr 1989 eingeführt, um den Einbezug aller Mitarbeiter in die Zielsetzung zu verstärken. Jede Abteilung erkennt auf einen Blick, ob sie hinter oder über ihren geplanten Umsätzen liegt.

Diese Transparenz der Ziele erzeugt eine Eigendynamik im Team und integriert die Planzahlen in die tägliche Arbeit. Eine Eigendynamik, die sich bei Umsatzdefiziten durch verstärkte Zusatzverkäufe, durch Bereitschaft zu längeren Küchenöffnungszeiten und einem stärkeren Telefonverkauf äußert. Gleichzeitig gibt der Erfolgsspiegel allen Mitarbeitern Sicherheit im täglichen Tun. Jede Diskrepanz wird sofort erkannt und es kann «just in time» reagiert werden.

Empowerment heißt aber auch, den Mitarbeitern Instrumente zur Verfügung zu stellen, mit denen sie ihre eigenen Leistungen messen können. Demzufolge werden abteilungsspezifische Messgrößen (z. B. Wartezeiten beim Essen, Nacharbeiten bei der Zimmerreinigung) durch die Mitarbeiter selbst erhoben und nach der Auswertung (monatlich, halbjährlich) im Team analysiert.

Unser fest installiertes Vorschlagswesen (Bestandteil des Kernprozesses Innovation) fordert jeden Mitarbeiter auf, sich regelmäßig und konstruktiv mit seinem Arbeitsplatz auseinanderzusetzen. Das Formular für diesen Prozess wurde seit Einführung 1985 bereits mehrfach verändert und immer gezielter auf unser Unternehmen zugeschnitten. Nach den Namen «Schwachstellenanalyse» (bis 1987), «Qualitätsanalyse» (bis 1990) und

«Innovationsbericht» (bis 1995) bezeichnen wir es nun seit 1996 als «Ideenblatt». Der Mitarbeiter ist aufgefordert, sich konkret mit einem Zustand auseinanderzusetzen und Lösungsvorschläge zu formulieren. Gleichzeitig muss er sich Gedanken machen, welche Vorteile seine Idee dem Unternehmen bringt, etwa eine Kostenersparnis, Zeitersparnis oder die Erhöhung des persönlichen Wohlbefindens und des Gästenutzen.

Die Beurteilung der gemachten Vorschläge erfolgt durch den Abteilungsleiter (siehe Kriterium 1, Seite 111) und eventuell unter Einbeziehung der Unternehmensführung. Ist der Verbesserungsvorschlag sinnvoll und im Rahmen des Investitionsbudgets, so wird er direkt umgesetzt. Der Umsetzungsprozess liegt entweder bei dem Mitarbeiter oder einem Mitarbeiterteam. Geht es um größere Investitionen, so kann die Entscheidung bis zum nächsten Jahreszielplan aufgeschoben werden.

Eine fest installierte Prämienregelung honoriert den Einsatz der Mitarbeiter. Prämien werden dann ausbezahlt, wenn die Umsatzziele, Abteilungsziele, oder Mitarbeiterziele erreicht werden.

Wir stellen Transparenz und umfassende Information untereinander sicher. (Zitat Spielkultur)

Ziel der internen Kommunikation ist es, dass Informationen zügig, zuverlässig und schriftlich zwischen allen Mitarbeitern ausgetauscht werden. Hierzu stehen allen Führungskräften, allen Stellvertretern und den Mitarbeiterteams Postfächer zur Verfügung. Alle relevanten Informationen werden schriftlich kommuniziert. So wird sichergestellt, dass jede Information ankommt.

Zur Unterstützung nutzen wir in allen Abteilungen das «Schwarze Brett» (= Informationstafeln), an denen alle aktuellen Hausmitteilungen ausgehängt werden. Jeder Mitarbeiter ist somit ständig auf dem laufenden betreffend Umsatzzahlen, Abweichungen, Innovationsprozesse und Steuerungsmaßnahmen.

Die Überprüfung der internen Kommunikation und des internen Informationsbedürfnisses erfolgt jährlich bei der Mitarbeiterbefragung (siehe Kriterium 7, Seite 168). Folgende Verbesserungsvorschläge wurden in vorangegangenen Jahren umgesetzt:

137

1995	Teamkonzept erscheint in der ersten Auflage
1996	Prozess der internen Weitervermittlung von
	Seminarwissen wird ins Leben gerufen
1997	wurde erstmalig am Tag der Team-Weihnachtsfeier der
	Betrieb ganztägig geschlossen, um den Vormittag für
	eine interne Informationsveranstaltung mit allen
	Mitarbeitern zu nutzen
1998	«Service-Leitfaden» erscheint in der ersten Auflage

Kriterium 4: Ressourcen

4a) Nutzung der finanziellen Ressourcen

Im Jahr 1984 wurde das Landhotel Schindlerhof mit 37 Hotelzimmern, rund 100 Restaurantplätzen, einem Saal mit 60 Plätzen und einem Garten mit weiteren 60 Plätzen zunächst als Mietobjekt übernommen. Lediglich die komplette Inneneinrichtung im Wert von 1,3 Millionen DM war in Privatbesitz. Im Juli 1988 wurde die Immobilie für 7,3 Millionen DM käuflich erworben. Die Finanzierung erfolgte über ein Darlehen in Höhe von 600'000,– DM, Eigenkapital in der gleichen Höhe und Fremdmittel in Höhe von 6,7 Millionen DM. Etwa zwei Drittel dieser Summe werden über eine Lebensversicherung getilgt, in die bis zum heutigen Zeitpunkt bereits 1,3 Millionen DM in Form von Jahresprämien eingezahlt wurden. Ein weiteres Drittel wurde konventionell finanziert. Im Jahr 1990 wurde das Kreativzentrum Schindlerhof mit weiteren 34 Hotelzimmern, 200 qm Tagungsfläche und einer Tiefgarage erstellt. Ein weiteres Darlehen von 400'000,– DM und das Hinzufügen des gleichen Betrages an Eigenkapital führte zu einer erneuten Fremdfinanzierung von 4,5 Millionen DM. Wieder wird ein Teil des Betrages über eine Lebensversicherung getilgt. Beim konventionell getilgten Restdarlehen wurden relativ hohe Sondertilgungen vereinbart, so dass die Schuld für das Grundstück (damaliger Kaufpreis 800'000,– DM) bereits seit Februar 1997 vollkommen getilgt ist.

Auf Grund der positiven Geschäftsentwicklung wurde 1993 ein direkt an die vorhandenen Gebäude anknüpfendes Baugrundstück von ca. 2600 qm für eine Million DM erworben. Das Darlehen für dieses Grundstück wird seither nur verzinst und noch nicht getilgt. 1996 fiel der Entschluss, im Jahr 1998 zu bauen. Die Investitionssumme wurde mit rund 5,0

Millionen DM angesetzt. Die zusätzliche monatliche Belastung wurde mit rund 27'000,– DM angesetzt. Zusätzliche fixe und variable Kosten beliefen sich im forecast auf rund 31'000,– DM.

Im Rahmen des deutschen Steuerrechts entstand folgendes Gestaltungsmodell:

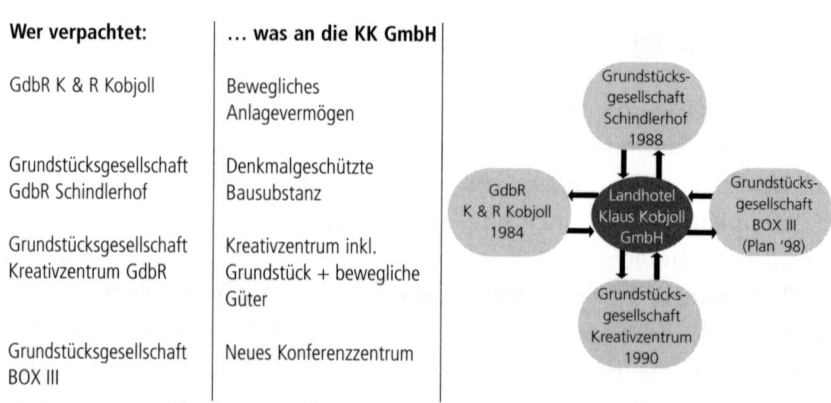

Wer verpachtet:	... was an die KK GmbH
GdbR K & R Kobjoll	Bewegliches Anlagevermögen
Grundstücksgesellschaft GdbR Schindlerhof	Denkmalgeschützte Bausubstanz
Grundstücksgesellschaft Kreativzentrum GdbR	Kreativzentrum inkl. Grundstück + bewegliche Güter
Grundstücksgesellschaft BOX III	Neues Konferenzzentrum

Die Pacht, die durch die Landhotel Klaus Kobjoll GmbH fließt, setzt sich zusammen aus Zins, Tilgung und Sondertilgungen. Die monatliche Belastung liegt bei ca. 130'000,– DM. Auf Grund der Höhe der Belastung hat das Management der Finanzen höchste Priorität.

Es gehört grundsätzlich zur Philosophie unseres Unternehmens, alle erwirtschafteten Gewinne wieder zu reinvestieren. Damit beginnen wir verstärkt in der zweiten Jahreshälfte, wenn abzusehen ist, dass die Umsätze laut Plan erreicht werden.

Um diesen Betrag genauer zu definieren, führten wir im Jahr 1995 die Gewinnrechnung als Bestandteil unseres Jahreszielplanes ein. Wir erreichten dadurch einen besseren Vergleich zwischen geplanten Investitionssummen und den tatsächlich aufgewendeten Beträgen. Hierzu wurde beim Jahreszielplan der geplante Umsatz als Grundlage herangezogen.

Anhand eines vereinfachten Datev-Rahmens wurde folgende Berechnung erstellt:

Gesamtumsatz netto
. / . Warenkosten
. / . Teamkosten (inkl. Unternehmerlohn)
. / . Kapitaldienst (inkl. Tilgung)
. / . Verwaltung/Marketing
. / . sonst. Betriebskosten
. / . Instandhaltungskosten
. / . Energiekosten
. / . Versicherung/Beiträge
. / . Abschreibung Inneneinrichtung
= Vorläufiges Ergebnis
. / . Sicherheitsreserven
= Freigegebene Beträge für Mitarbeiter Ideen und Investitionen

Die Sicherheitsreserven stehen für Kostenüberschreitungen und zur Abdeckung eines Umsatzminus. Tritt keiner dieser beiden Fälle ein, so fließt auch diese Summe dem Unternehmen zu.

Die Hauptrisiken der Geschäftsleitung sind: «Umsatzeinbrüche», «Fehler in der Einkaufspolitik», «Fehler in der Mitarbeiterplanung» und «aus dem Rahmen laufende Kosten». Um diese Risiken ständig unter Kontrolle zu haben, wurden folgende Schlüsselparameter zur Überwachung definiert: «Umsatz», «Teamkosten», «Warenkosten» und «Cashflow». Alle Parameter werden täglich bzw. monatlich zahlenmäßig erhoben.

Für die Berechnung der Warenkosten steht uns seit 1987 ein externer Berater zur Verfügung. Die Berechnung des Cashflows erfolgt in der monatlichen Datev-Auswertung. Dies bedeutet, dass bei Umsatzeinbrüchen sofort reagiert werden kann, bei Abweichungen der anderen Parameter erfolgt die Reaktion im Folgemonat.

Für 1998 wird erstmalig eine Kostendeckungsrechnung für die einzelnen Abteilungen erstellt. Für das Unternehmen und für die Abteilungsleiter stehen dadurch mehr und differenziertere Parameter hinsichtlich der Effizienz ihrer Abteilung zur Verfügung.

Ursache war die bei dem vorhergegangenen Strategietag getroffene Entscheidung: «Wenn ständige Umsatzzuwächse für einzelne Abteilungen, bezogen auf die derzeitige Infrastruktur (Anzahl Sitzplätze, Anzahl Tagungsräume) nicht mehr realistisch sind, so muss die Effizienz der Abteilung verbessert werden.

Zusätzlich werden jährlich mindestens sechs Beratungstage im Haus sowie laufend telefonische Beratungen durch unsere Wirtschaftsprüfer, Steuerberater und Rechtsanwälte Kanzlei Munkert, Kugler & Partner durchgeführt. Dabei werden unternehmerische Entscheidungen analysiert und vorbereitet, z. B. Investitionen bzw. Investitionsrechnungen, Immobilien, Finanzierungen, Wirtschaftlichkeitsberechnungen, Controlling im strategischen und operativen Bereich.

Folgende Investitionen wurden im Einklang mit den zuvor getroffenen strategischen Entscheidungen realisiert:

1990	Erweiterung des Unternehmens um einen Tagungstrakt mit zusätzlichen 34 Hotelzimmern
1993	Erwerb eines weiteren Grundstückes
1995	Beginn mit der Renovierung der Altbau-Bäder
1997	Neues Ambiente im Restaurant
1998	Erweiterung des Unternehmens um einen weiteren Tagungstrakt

Die Finanzierungsstrategien sind weitgehend abhängig von der Zinsentwicklung am Markt. Gelder werden individuell lang- mittel- oder kurzfristig angelegt. Darlehen werden bei Bedarf aufgenommen, wenn die Investitionssumme nicht durch den Cashflow getragen werden kann.

Grundsätzlich gilt immer die Strategie, das Eigenkapital in dem Maß zu halten, welches die Besitzverhältnisse langfristig sicherstellt.

4b) Umgang mit Informationen

Folgende Informationen werden in unserem Unternehmen verarbeitet:

Informationen hinsichtlich der	Erfassung durch wen	Frequenz	Empfänger	verwendete Medien	Verweis zu Kriterium
Geschäftsergebnisse	Unternehmens-führung	täglich/ monatlich	MA	Erfolgsspiegel Datev-Auswertung Warenkosten-Berechnung	3 b 4 a
Prozessergebnisse	Prozess-inhaber	in Abhängig-keit	betroffene Mitarbeiter	Verlaufsdiagramme Balkendiagramme	5 c
Kundenbedürfnisse	Mitarbeiter	täglich	Abteilungsleiter Unternehmens-führung	Beurteilungskärtchen Kundenzufriedenheits-gespräche Stammkunden-befragungen	5 a 5 a 5 a
Kundendaten	Mitarbeiter	täglich	Mitarbeiter	Reservierungen Kundendatenbanken	5 a 4 b
Mitarbeiterwünsche	Abteilungsleiter QMB	1 x jährlich	Abteilungsleiter	Mitarbeiterbefragung Mitarbeiterorientierungs-gespräch	7 a 3 a
Marktentwicklung Unternehmens-führung	Abteilungsleiter & Unternehmens-führung	laufend	Abteilungsleiter Unternehmens-führung	Fachzeitschriften Messen Statistiken	2 a 2 a 6 a/9 b
Lieferanten	Abteilungsleiter & Bereichsleiter	mindestens 1 x jährlich	Abteilungsleiter	Lieferantengespräche	4 c

In den ersten Jahren nach der Eröffnung etablierte sich unser System der Schriftlichkeit. Wir führten Postfächer für alle Führungskräfte ein. 1989 kamen die Postfächer für Mitarbeiter-Gruppen (Azubis, *chefs de rang*) hinzu. Alle Dokumente, deren Verteilung über das Postfachsystem erfolgt, erhalten einen Postumlaufstempel bzw. einen Verteiler. Anhand dieser Kennzeichnung, die auch heute noch aktuell ist, lässt sich der Weg des Dokumentes innerhalb des Unternehmens jederzeit nachvollziehen. Der Erhalt und die Kenntnisnahme werden von den Betroffenen schriftlich per Namenskürzel bestätigt. Dieses Konzept ist vor allem bei Mitteilungen, die an mehrere Mitarbeiter bzw. mehrere Abteilungen gerichtet sind, unabdingbar.

Grundsätzlich besteht für das Schwarze Brett eine Holpflicht der Mitarbeiter. Ausnahmen sind Hausmitteilungen der Priorität A. Hier wird auch das Lesen der Mitteilung durch Namenskürzel bestätigt. Daten über unsere Gäste/Kunden wurden bis zur Einführung der EDV im Jahr 1995 manuell erfaßt und in Karteien abgelegt und standen an den Knotenpunkten (Restaurant/Reception/Tagungssekretariat) zur Verfügung. Die sehr aufwendige manuelle Führung der Kundendaten war ausschlaggebend für die Einführung der EDV in den Bereichen Hotel und Tagung. Alle Daten laufen nun über Datenverarbeitung und werden bei jedem Gastkontakt aktualisiert. Die Mitarbeiter haben jederzeit Zugriff auf die Daten. Die A-Kunden (abhängig von Umsatzstärke und Besuchshäufigkeit) werden jeden Monat ermittelt. Die prozentuale Verteilung des Umsatzes auf einen Prozentsatz an Kunden ist jederzeit abrufbar und dient am Strategietag als Informationsunterlage. Für 1998 ist die Verknüpfung mit der Abteilung Restaurant geplant.

Informationen über den Umsatzverlauf des Unternehmens im Rahmen eines Soll-Ist-Vergleichs erhalten die Mitarbeiter über den täglich publizierten Erfolgsspiegel. Gegenübergestellt werden der aktuelle Umsatz im Verhältnis zum geplanten Umsatz, die Abweichung und das geplante Umsatzvolumen, heruntergebrochen auf die einzelnen Tage. Teamkosten und Warenkosten erscheinen bis zum Monatsende als Soll-Werte. Die aktuellen Ist-Werte werden im abschließenden Monatserfolgsspiegel eingesetzt. Dieser wird über alle Postfächer verteilt.

Wie bereits im Vorfeld angesprochen, wird der Wareneinsatz extern berechnet. Die monatliche Auswertung geht in Kopie an die Abteilungsleiter Küche und Restaurant. Ausschlaggebend ist das Konsumverhalten unserer Gäste und die Aussagen hinsichtlich der Frequentierung der verschiedenen Speisenangebote. Weisen die Berechnungen ein wandelndes Konsumverhalten auf, so haben wir die Möglichkeit, schnell und unbürokratisch zu reagieren, z. B. durch Umgestaltung unseres Food & Beverage-Angebots.

Für Informationen, die den Markt und das gesellschaftliche Verhalten betreffen, haben wir verschiedene Fachzeitschriften abonniert, die alle Abteilungen durchlaufen. Ebenfalls steht allen Mitarbeitern seit 1991 eine «Management-Bibliothek» zur Verfügung, die durch die Unternehmensführung regelmäßig mit neuen Büchern bestückt wird.

144

4c) Umgang mit Lieferanten und Materialien

Die Warenkosten sind ein Schlüsselparameter der Finanzpolitik. Demzufolge ist der Einkauf ein weiterer Kernprozess des Unternehmens. Dennoch war es bisher eine strategische Entscheidung, keine eigene Einkaufsabteilung aufzubauen, um den Verwaltungsapparat nicht zusätzlich zu vergrößern. Diese Entscheidung bleibt auch für 1998 bestehen.

Unsere klar formulierte Einkaufspolitik in Verbindung mit den festgelegten Wareneinsatzkosten von 28% (bezogen auf Food & Beverage) bestimmen den Umgang mit unseren Lieferanten. Das Ergebnis dieser Einkaufspolitik sind langjährige Geschäftsverbindungen mit einem Großteil unserer Lieferanten.

- Brauerei seit 1984
- Weinlieferant seit 1984
- Wäscherei seit 1984
- Getränkelieferant seit 1994

Wir streben grundsätzlich eine Verbindung mit Synergieeffekten an. Für uns bedeutet das: Weiterempfehlung der Lieferanten, der Verzicht auf Produkteinführungen zu Gunsten unserer Lieferanten (z. B. nur eine Sorte Bier seit 1985, nur eine Sorte Champagner seit 1993) und regelmäßige Informationen über unsere Unternehmensziele. Von den Lieferanten erwarten wir marktgerechte Konditionen, geforderte Qualität und das Einhalten der von uns gewünschten Lieferzeiten.

Ein gegenseitiger Informationsaustausch mit den Lieferanten findet in dem einmal jährlich geführten Lieferantengespräch statt. Bei diesem Gespräch werden Faktoren wie Lieferbedingungen (z. B. Mindestabnahme, Lieferhäufigkeit, Rabatte, Jahresrückvergütungen und produktbezogene Schulungsangebote (z. B. Weindegustationen) angesprochen. Die Ergebnisse werden aufgezeichnet und dienen beim nächsten Gespräch als Grundlage.

Eine Beurteilung dieser Lieferanten hat sich weitgehend erübrigt. Beurteilungen werden in solchen Fällen durchgeführt, wo die Preise unser Preislimit übersteigen, die Qualität sinkt oder aber die Produktpalette unseren Ansprüchen nicht mehr genügt. Tritt dieser Zustand ein, so werden

Angebote von regionalen Anbietern (sofern möglich) eingeholt und Verhandlungen gestartet (z.b. seit 1992 Einführung von Öko-Weinen, seit 1996 neue Bäckerei, die auch Sonntagsbrötchen liefert). Zur Zeit erfassen wir in der Abteilung Küche Leistungsdaten über deren Lieferanten. Kriterien sind die Qualität der Lieferung, die Übereinstimmung zwischen Bestellung und Lieferung und die Lieferpünktlichkeit.

Als Reaktion auf den schwankenden Wareneinsatz im Jahr 1997 und in Verbindung mit der Kostendeckungsrechnung wurde im März 1998 ein Projektteam zum Thema Einkauf gebildet. Es sind nun Maßnahmen geplant, den Prozess zu verfeinern. Die Einkaufspolitik wird neu überarbeitet, die Richtlinien für den Einkauf werden akkurater formuliert, die Organisation des Einkaufs wird mit Messgrößen hinsichtlich Zeit und Kosten untersucht.

Auf Grund unserer historischen Bausubstanz, die zum Teil dem Denkmalschutz unterliegt, sind unsere Lagermöglichkeiten auf eine maximale Kapazität mit minimalem Umfang ausgelegt. Zur ständigen Verbesserung dieser Situation bauten wir:

• 1986 neue Küchenkühlhäuser	• 1997 eine neue Vorbereitungs-
• 1986 ein neues Getränke-	küche mit Kühlmöglichkeiten
kühlhaus	um die Kühlraumsituation auf
• 1992 eine Vergrößerung der	das erwartete HACCP einzu-
Küche	stellen
• 1987 ein neues Leergutlager	• 1998 (in Planung) weitere
(Umstellung auf Mehrweg-	Tiefkühlzellen
flaschen erfolgte)	

4d) Umgang mit anderen Ressourcen

In unserer Spielkultur bekennen wir uns zu unserer Verantwortung gegenüber der Umwelt. Es ist also nur verständlich, wenn wir alle Möglichkeiten hinsichtlich Umweltschutz ausnutzen und ständig an Verbesserungen arbeiten (siehe Kriterium 8, Seite 175).

1985, im Jahr der Eröffnung, haben wir uns als Basis für zukünftige Schritte ein eigenes Umweltkonzept für unser Unternehmen erstellen lassen. Dieses Umweltkonzept ist Bestandteil unseres Organisationshandbuches und wird dementsprechend einmal jährlich überarbeitet. Es unterliegt unserem Kreis «Jugend im Unternehmen». Als Resultat gewannen wir 1993 und 1994 im Wettbewerb des bayrischen Kultusministeriums «Umweltfreundlicher Betrieb» die Silbermedaille.

Der Schwerpunkt liegt in der Müllreduzierung, und es konnten bereits hohe Einsparungen in diesem Bereich realisiert werden (siehe Kriterium 8, Seite 175).

Die intensive Nutzung unserer Gebäude, Materialien und Maschinen setzt einen sorgfältigen Umgang mit eben diesen voraus. Daraus resultiert ein substanzerhaltendes Ressourcenkonzept:

- Im Rahmen der Gewinnrechnung werden pro Jahr ca. 3–4% des Umsatzes zum Erhalt der Bausubstanz verwendet (1989 Neugestaltung der Sommerküche, 1991 Bau einer Vorbereitungsküche im Bankettbereich, 1992 Renovierung von Zimmern, 1995/1996 Renovierung von Bädern). Alle sieben Jahre wird ein komplett neues Ambiente im Restaurantbereich (branchenüblich alle elf Jahre) eingeführt.
- Hochwertige technische Geräte werden zum Teil gemietet oder geleast. Dies garantiert eine Rücknahme der Gegenstände durch den Verkäufer und somit einen Weiterverkauf oder eine umweltgerechte Entsorgung (z. B. Telefonanlage, Kaffeemaschinen, Kopierer).
- Für die wichtigen Maschinen werden Wartungsverträge (z. B. Heizung, Pumpen, Aufzüge etc.) abgeschlossen.

Bezogen auf unsere Unternehmensgröße und unsere Nischenstruktur findet sich für die Anwendung von Technologien nicht allzu viel Spielraum. Wir sehen unseren größten Erfolgsfaktor im zwischenmenschlichen Bereich, also im Kontakt zwischen den Kunden und den Mitarbeitern. Diesen durch Einsatz von Technologien zu schmälern, ist nicht im Sinne unserer langfristigen Unternehmensziele.

Dennoch nutzen wir neueste technische Geräte, um Arbeitsbedingungen zu verbessern, Arbeitsvorgänge zu erleichtern und Kundenbedürfnisse zu befriedigen. Informationen über neue Technologien ent-

147

nehmen wir Fachzeitschriften oder fachbezogenen Medien. Bevor wir uns jedoch für den Einsatz einer neuen Gerätschaft entscheiden, werden folgende Faktoren abgeklärt:

- Passt die Technik an diesem Ort zu unserem Unternehmensbild?
- In welchem Verhältnis stehen Kosten und Nutzen?
- Welche Vorteile/Nachteile entstehen den Mitarbeitern durch den Einsatz der neuen Technik?
- Entspricht es eindeutig dem Kundenbedürfnis?

Nach sorgfältiger Abwägung erfolgt die Entscheidung. Einige Beispiele hierfür sind:

Zur Befriedigung der Kundenbedürfnisse

- Installation von Faxgeräten in Hotelzimmern
- Installation von Modem-Anschlüssen in Hotelzimmern

Zur Erleichterung der Arbeitsbedingungen

- Einsatz einer Hotel-Software
- Einsatz neuester Technologie in der Küche, dort wo es sinnvoll und nötig ist (Induktionsherd, Combi-Dämpfer)

Zur Kostensenkung

- Anschaffung einer Papierpresse

Anfang dieses Jahres haben wir erstmalig externe Hilfe für den Bereich Informationstechnologie in Anspruch genommen. Aufgabe des Beraters ist es, anhand einer Situationsanalyse (Termin im März 1998) Vorschläge für zukünftige Schritte in diesem Bereich zu unterbreiten. Ansatzpunkte von betrieblicher Seite sind:

«Die Vernetzung aller vorhandenen PC-Arbeitsplätze», «Einsatz einer speziellen Restaurantsoftware» und die «bessere Nutzung der bereits vorhandenen Hotelsoftware».

148

Kriterium 5: Qualitätssystem und Prozesse

Jeder Prozess in unserem Unternehmen dient dem Ziel der ständigen Verbesserung sowohl bezogen auf die Qualität wie auch auf die Quantität.

5a) Prozess, bezogen auf den Kunden

Je besser sich ein Unternehmen auf seine Kunden ausrichtet, desto größer ist sein Vorteil gegenüber seinen Mitbewerbern.

Die strategische Stoßrichtung unseres Unternehmens setzt zwei Schwerpunkte:

1. den Standard unserer Basisangebote, Betten, Tagungsräume und Speisen ständig verbessern;
2. unsere strategischen Erfolgspositionen, «Freundlichkeit der Mitarbeiter», «Ambiente» und «große Anzahl der unique selling propositions» ständig ausbauen.

Beide Ziele sind nur zu erreichen, wenn wir unsere Gäste an dem Prozess beteiligen. Hierzu nutzen wir derzeit drei fest installierte Praktiken (siehe Abb.):

Unser stärkstes Instrument hinsichtlich der Erfassung der Kun-

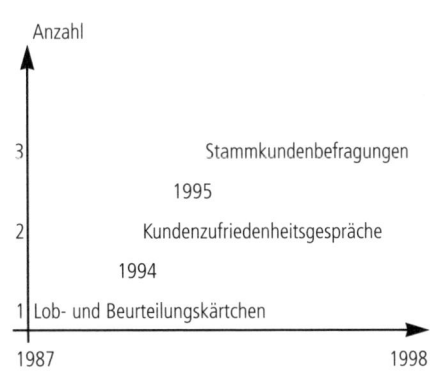

denzufriedenheit sind die bereits im Jahr 1987 eingeführten Lob-und Beurteilungskärtchen. Entsprechend neuer gewonnener Erkenntnisse wurde die graphische Gestaltung bereits mehrfach überarbeitet. Zu Beginn arbeiteten wir mit einem einheitlichen Kärtchen für das gesamte Unternehmen. 1989 führten wir abteilungsspezifische Kärtchen ein, um die unterschiedlichen Kundenansprüchen besser zu erfassen. 1991 erfolgte eine farbliche Akzentuierung der Kärtchen nach Abteilungen, 1994 setzten wir die Piktogramme und den vierten Smilie ein. 1995 kam auf Kundenwunsch noch das Datum des Besuchs dazu.

Heute, im Jahr 1997, liegen sie in folgender Form vor:

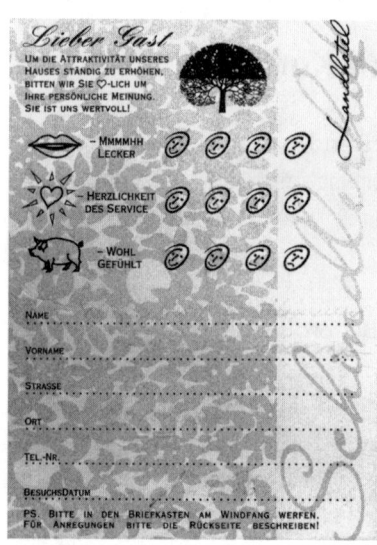

Mit Absicht haben wir die Beurteilungskärtchen kurz und prägnant formuliert. Je geringer der Aufwand für den Kunden beim Ausfüllen, desto größer ist die Rücklaufquote (siehe Kriterium 9, Seite 179). Die Kärtchen liegen in allen Gastbereichen auf und werden zusätzlich mit jeder Rechnung verschickt.

Eine Bearbeitung der rücklaufenden Kärtchen erfolgt jeden Tag und ist Bestandteil der Hauptaufgaben der Unternehmensführung. Jede kleinste Reklamation wird großzügig und sofort behandelt. Der Grad der Beschwerde dient als Grundlage für die Art der Wiedergutmachung (die Skala reicht von einem Apéritifgutschein bis hin zu einer Einladung für Übernachtung und Abendessen). Höchste Priorität haben Reklamationen, die unsere Basisfähigkeiten betreffen, also unsere Produktqualität und unsere Qualität der Dienstleistung. Wir sehen jeden kritischen Hinweis als Chance zur Verbesserung.

150

Eingegangene Reklamationen durchlaufen folgenden Prozess:

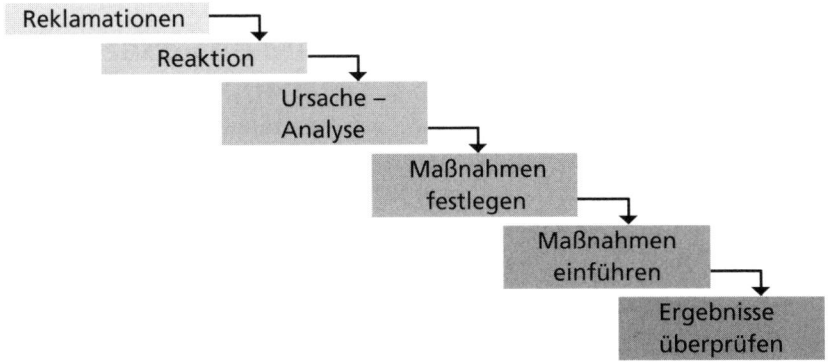

Bis 1995 wurden die Beurteilungskärtchen einmal jährlich, zum Jahreszielplan, in ihrer Gesamtheit erfasst (siehe Kriterium 6, Seite 160). Die Anzahl der Reklamationen ist ein Gradmesser für die Qualität und Leistung unseres Unternehmens. Anhand dieser Zahlen setzen wir uns Ziele betreffend der Reklamationsquote für das kommende Jahr.

Seit 1996 werten wir die Kärtchen monatlich aus und fassen diese Ergebnisse am Jahresende zusammen. Ausschlaggebend für diese Änderung im Prozessablauf war die Einführung des Management Systems nach ISO 9001. Im Rahmen der Prozessüberprüfung erschien uns die einmal jährliche Auswertung zum Jahresende zu global. Die monatliche Auswertung zeigt im Vergleich zur jährlichen Auswertung die Lob- und Reklamationsspitzen. Eine schnellere Reaktion ist dadurch gewährleistet.

Gleichzeitig nutzen viele unserer Gäste diese Kärtchen für ihre Anregungen bzw. Verbesserungsvorschläge. Diese werden als Innovation behandelt und durchlaufen den gleichen Prozess wie Innovationen von Seiten der Mitarbeiter. Selbstverständlich erhalten auch deren Urheber, also der Gast, entsprechend wie die Mitarbeiter für gute Vorschläge, eine Anerkennung (z. B. Telefonkarten vom Haus, Schlüsselanhänger, Gutscheine).

151

Zur Ergänzung der Kärtchen führten wir 1994 die Kundenzufriedenheitsgespräche ein. Diese Befragungen werden persönlich durch unsere Mitarbeiter geführt. Es gibt klare Anweisungen wieviel Gespräche pro Abteilung und Woche geführt werden müssen. Intention der Befragung ist es:

1. die Wertigkeit unserer strategischen Erfolgspositionen zu hinterfragen,
2. in persönlichen Kontakt mit dem Gast zu treten,
3. Input von den Gästen zu erhalten.

Begonnen wurde mit einem Standardbogen für alle Abteilungen. 1996 wurden die Fragen zielgerichtet auf die verschiedenen Abteilungen abgeändert.

Die Auswertung erfolgt monatlich und wird zum Jahresende kumuliert (siehe Kriterium 6a, Seite 160)

Kundenzufriedenheitsgespräch Restaurant:

Was war Ihr Hauptmotiv, dass Sie den Schindlerhof gewählt haben?
→ die Herzlichkeit des Teams – die Summe der liebenswerten Kleinigkeiten (USPs)?
→ der Ruf der Küche?
→ das Ambiente?
→ die kompetente Beratung/Flexibilität?
→ das Eingehen auf Ihre Wünsche?
→ sonstiges?
→ Woran können wir arbeiten, damit wir noch besser werden?
→ Haben Sie das Gefühl, dass wir auf Ihre Wünsche eingehen?
→ Wenn ja, woran spüren Sie es, wenn nein, können Sie es kurz begründen?
→ Worauf möchten Sie als Gast im Restaurant am wenigsten verzichten?

Die Entscheidung für die zusätzliche Einführung von Stammkundenbefragungen fiel am Strategietag 1994. Unsere Gästestruktur (Bestandteil intern geführter Statistiken bezüglich Erstgast, Stammgast und Gelegenheitsgast) zeigte einen sehr hohen Anteil an Stammgästen (ca. 60 %). Um diesen Anteil langfristig zu sichern und im Einklang mit unserer Unternehmensstrategie: «Lieber die Verbindung mit den bestehenden Gästen vertiefen als ständig neue Gäste gewinnen» führten wir die Befragungen ein. Es ist Auflage an die Abteilungsleiter, die A-Kunden einmal jährlich zu erfassen. Die Gäste werden gefragt:

Wie zufrieden waren Sie mit:	
• dem Preis-Leistungsverhältnis	• dem Service und der Betreuung
• der Erfüllung von Sonderwünschen	• der Qualität der Speisen
• der Ausstattung der Tagungsräume	• dem «Wohlfühlerlebnis» in den Hotelzimmern
• unserer Reaktion auf Reklamationen	Wie beurteilen Sie unsere Anpassung auf Trends

Die Ergebnisse der Stammkundenbefragungen werden am Jahresende ausgewertet und es werden Ziele für das nächste Jahr gesetzt (siehe Kriterium 6a, Seite 160).

5b) Der Umgang mit dem Qualitätssystem

Unser Qualitätssystem, wie es in heutiger Form vorliegt, ist seit 1985 kontinuierlich gewachsen und verfeinert worden. Basis für die grundsätzliche Richtung war das Unternehmermodell des Josef Schmidt Collegs. Inhalt dieses Modells sind die Formulierung der Unternehmenskultur, die klare Formulierung der Unternehmensziele – sowohl langfristig wie auch kurzfristig –, die klare Formulierung eines Marketingkonzeptes, das Prinzip der Schriftlichkeit, die Erstellung von Hauptaufgabenlisten und Instrumente zur Qualitätskontrolle.

Auf dieser Grundlage entstand unser Modell von Total Quality Management:

Mit diesem ausgereiften System im Hintergrund sahen wir die Einführung der ISO 9001 im Jahr 1995 als Stütze bei der systematischen Erfassung aller betrieblichen Vorgänge.

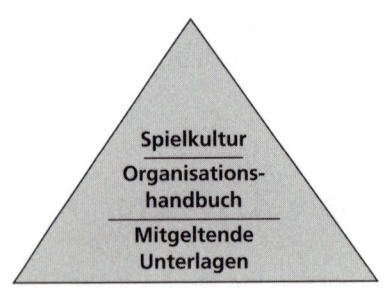

Die Spielkultur steht für die Qualitätspolitik. Das Organisationshandbuch beinhaltet die Kernprozesse, Subprozesse und Verfahrensbeschreibungen. Mitgeltende Unterlagen beziehen sich auf zusätzlich zur Verfügung stehendes Informationsmaterial.

In Gestaltung und Ausführung der ISO 9001 wichen wir von den herkömmlichen Systemen in folgenden Punkten ab:
1. Unser Inhaltsverzeichnis richtet sich nicht nach den 20 Elementen sondern nach den bestrieblichen Abläufen (so gibt es z. B. Kapitel zu «Gastkontakt», «Innovation» und «Einkauf»).
2. Alle qualitätsrelevanten Prozesse, auch solche bezogen auf Dienstleistungen, sind erfasst.
3. Jeder Abteilung steht ein eigenes Organisationshandbuch für die abteilungsspezifischen Prozesse zur Verfügung.

154

Die Überprüfung des Systems ist durch die internen Audits geregelt. Ändern sich Prozessabläufe, so werden diese im Organisationshandbuch aktualisiert.

Verbesserungen in den Abläufen und Prozessen finden jedoch auch kontinuierlich außerhalb der internen Audits statt. Jeder Mitarbeiter kann nach Absprache mit seinem Abteilungsleiter Verfahrensbeschreibungen bzw. Checklisten ändern.

Bei der Zertifizierung im Jahr 1995 wurde durch den externen Auditor eine Abweichung festgestellt, im ersten und zweiten Folgeaudit gab es keine Abweichungen mehr. Dieses Jahr steht im August die Re-Zertifizierung an.

1996 fingen wir an, uns mit dem Modell der EFQM zu beschäftigen. Die erste Selbstbewertung fand nach der Ausbildung einer Mitarbeiterin zur Assessorin intern statt. Die zweite Selbstbewertung ließen wir 1997 durch ein externes Assessorenteam durchführen.

5c) Handhabung der wesentlichen Prozesse, die den Geschäftserfolg beeinflussen

Eine Verfeinerung des bisherigen Systems fand 1997 statt. Ausgehend von unseren Kernprodukten (= Speisen, Zimmer, Tagungsräume) und unserer Kernleistung (= Service) definierten wir in einem Workshop der Führungsebene unsere Kernprozesse und bestimmten Prozessververantwortliche unter folgenden Gesichtspunkten:
*   lang-, mittel- und kurzfristige strategische Planung
*   Gästeauftrag von Anfrage, Angebot über Besuch und Zahlungseingang
*   Produktion (Küche)
*   Team-Modell
*   Innovation
*   Instandhaltung

Da alle Einzelschritte der Kernprozesse bereits als Verfahrensbeschreibung Bestandteil des bestehenden Organisationshandbuchs waren, wurde dieses im gleichen Zug neu gestaltet. Über ein Matrixdiagramm erfolgte die Zuordnung zwischen Verfahrensbeschreibung und Kernprozess.

Gleichzeitig wurden neue Standards gesetzt (z. B. Mahnwesen, Wartezeiten beim Essen, Reklamationsbewältigung) und diese den Prozessen zugeordnet. Eine Überprüfung der gesetzten Standards erfolgt über Checklisten (Kontrollkarten). Die Auswertungen erfolgen je nach Definition monatlich, halbjährlich und jährlich und fließen in die strategischen Entscheidungen am Jahreszielplan (siehe Kriterium 2a, Seite 121).

Während die Aktualität der Verfahrensbeschreibungen durch die regelmäßigen internen Audits sichergestellt wird (siehe Kriterium 5b, Seite 153), erfolgt die Überprüfung der Kernprozesse einmal jährlich im Jahreszielplan.

Zur besseren Transparenz aller in unseren Organisationshandbüchern beschriebenen Prozesse (= Verfahren), erarbeiteten wir ein grundsätzliches, für alle Abläufe gültiges Schema.

1. Thema der Verfahrens-beschreibung	Welcher Vorgang wird beschrieben?
2. Ziel der Verfahrens-beschreibung	Warum wird der Vorgang beschrieben?
3. Weg	Welche Schritte sind nötig?
4. Dokumentation	Wo wird dokumentiert und wie?
5. Verantwortlichkeiten	Wer ist verantwortlich?
6. Geltungsbereich	Für wen gilt die Beschreibung?
7. Mitgeltende Unterlagen	Zusätzliche Informationen
8. Abkürzungen	Erklärung von Abkürzungen
9. Anhang	Evtl. Formulare, Checklisten

Alle Neueinführungen von Produkten oder Dienstleistungen unterliegen dem Prozess des Projektmanagements mit folgender Zielsetzung: «Alle neuen Projekte und Dienstleistungen werden effektiv geplant, überwacht und umgesetzt, um eine erfolgreiche Einführung zu garantieren.» (Zitat Organisationshandbuch)

In der Startphase werden alle Ideen, Vorstellungen, Visionen und allgemeinen Problembeschreibungen, Rahmenbedingungen und Ziele erfasst.

Ein Projektleiter wird bestimmt und bei Bedarf ein Projektordner angelegt. In der Projektplanung wird ein Mittel-Maßnahmen-Katalog und ein Kostenvoranschlag erstellt. Konzeption und Umsetzung beinhalten einen ständigen Soll-Ist-Vergleich zwischen Ablauf und Planung. Abweichungen werden festgehalten, analysiert, und bei Bedarf wird der Projektplan neu definiert.

In der Validierungsphase wird erneut überprüft, ob das neue Produkt/die neue Dienstleistung den Anforderungen entspricht, eventuell wird ein Probelauf gestartet. Das reguläre Projektende wird dann herbeigeführt, wenn das Projektziel erreicht ist.

5d) Wie der Prozess der ständigen Verbesserung systematisch geführt wird

«Alle MitunternehmerInnen setzen ihr Wissen und Können dafür ein, neue und bessere Lösungsmöglichkeiten zu finden. Auch Gutes kann verbessert werden. Veränderungen werden nur dann nicht mehr vorgenommen, wenn sie keine Verbesserung bewirken.» (Zitat Spielkultur)

Es gilt folgende Zielsetzung: «Die Wettbewerbsfähigkeit unseres Unternehmens hängt davon ab, ob wir Leistungen und Produkte entwickeln, die auf die Anforderungen unserer Gäste zugeschnitten sind und dem Zeitgeist entsprechen.

Wir sind der festen Überzeugung, dass die Basisprodukte bzw. die Basisfähigkeiten (Zimmer, Essen Tagungsraum) austauschbar geworden sind. Die Art der Präsentation dieser Basisleistungen ist letztendlich der Auslöser, dass sich der Gast/Kunde für ein Produkt bzw einen Anbieter entscheidet.

Sprechen wir über den Prozess der ständigen Verbesserung so sind grundsätzlich zwei Stoßrichtungen zu unterscheiden:

A) Auf den Gast ausgerichtete Verbesserungen (z. B. Angebotsgestaltung, Komfort, Standard)

In diesen Prozess fließen die Ergebnisse der Kundenbefragungen, des Reklamationswesens, der Marktanalysen, des innerbetrieblichen Vorschlagswesens und die Ergebnisse von Benchmark-Studien. Diese Ideen werden gesammelt und fließen in den Prozess der Ideenbewertung. Anschließend erfolgt der Umsetzungsentscheid, die Bestimmung der Verantwortlichkeit, die Terminierung, die Einführung und die Bewertung.

Beispiele für Ergebnisse, die auf diesem Kreislauf beruhen sind:

- **bezogen auf den Gesamtbetrieb**
  Kundenbedürfnis nach hauseigenem Brot führte zum Bau unseres Backhauses.

- **bezogen auf die Abteilung Restaurant**
  Kundenwünsche hinsichtlich kleinerer Gerichte führten zu unserem Angebot in der Speisekarte, dass jedes Gericht als halbe Portion bestellbar ist.

- **bezogen auf die Abteilung Küche**
  gewandeltes Essverhalten der Bevölkerung (es wird immer später gegessen) führte zu einer Verschiebung unserer Küchenöffnungszeiten nach hinten.

B) Nach innen ausgerichtete Verbesserungen (z. B. Effizienz, Kostenstruktur)

In diesen Prozess fließen die Ergebnisse des innerbetrieblichen Vorschlagswesens, der Mitarbeiterbefragungen und die Auswertung der laufenden Datenerhebungen.

Zum Einsatz kommen im Bereich der Datenerhebung und Datenanalyse folgende Werkzeuge:

158

Mittel	Wozu	Aktuelles Beispiel
Flußdiagramme	Prozessanalysen	Zimmerreinigung
Kontrollkarten	Feststellung von Häufigkeiten	Telefonzentrale
Fischgräten-Diagramme	Ursachenforschung	Organisationsform im Restaurant
Verlaufsdiagramme	Trendbeobachtungen	Auslastung im Hotel

Ist ein Problem erkannt und definiert wird nach der Ursache geforscht. Anschließend erfolgt die Lösungserarbeitung, deren Einführung und zum Schluß die Erfolgskontrolle.

Als Beispiel für einen geschlossenen Regelkreis sei die Neubesetzung unseres Buffetiers angeführt:

Schritte	Mittel	Ergebnisse
Problem erkannt und definiert	Verlaufsdiagramme	Wareneinsatz im Getränkebereich zu hoch
Ursache erforscht	Fischgräten-Diagramm	Fehler liegt in der Mitarbeiterbesetzung
Lösungserarbeitung	Brainstorming	einstellen eines Buffetiers
Einführung	Stellenbeschreibung	klare Aufgabenverteilung
Erfolgskontrolle	Verlaufsdiagramme	Warenkosten sinken

Ein Review über die im Laufe des Jahres eingeführten Verbesserungen erfolgt zum Jahresende.

Kriterium 6: Kundenzufriedenheit

«Wir befriedigen die hohen Ansprüche unserer Gäste ohne Einschränkung.» (Zitat Spielkultur)

6a) Die Beurteilung der Produkte, Dienstleistungen und Kundenbeziehungen durch den Kunden

Das aussagekräftigste Instrument in Bezug auf unsere Kundenzufriedenheit sind unsere Beurteilungskärtchen (siehe S. 149). Bis 1995 wurden die Beurteilungskärtchen zum Jahresende gezählt. Die Anzahl der Reklamationen wurde prozentual zum gesamten Feedback ermittelt. Anhand dieser Zahl wurden die Ziele für das kommende Jahr wiederum als Prozentzahl gesetzt. Das Endziel ist es, eine Reklamationsquote von 0% zu erreichen.

Es ist anzuführen, dass alle Kärtchen als Reklamation erfasst werden, die nicht das erste Smilie angekreuzt haben.

Die höchste Reklamationsquote hatten wir 1990 im Jahr unserer Eröffnung des Kreativzentrums. Gründe für diese hohe Reklamationsquote waren Lärmbelästigungen durch noch nicht ganz abgeschlossene Baumaßnahmen und Kritiken hinsichtlich der Raumausstattungen. Eine Klimaanlage in den Tagungsräumen wurde aus gesundheitlichen Aspekten nicht eingebaut. Dies entsprach nicht dem Kundenbedürfnis und wurde bereits 1991 nachgeholt.

Der leichte Umsatzrückgang in den Jahren 1993/1994 hatte eine entscheidende Auswirkung hinsichtlich des Qualitätsbewusstseins der Mitarbeiter. Das gesamte Team war hochsensibilisiert auf die damals herrschende Marktsituation und sich bewusst, dass die Gehälter ausschließlich

160

vom Gast kommen. Wir hatten dadurch eine Qualität in allen Produkten und Dienstleistungen erreicht wie nie zuvor. Dies zeigt sich deutlich in der Anzahl der Reklamationen.

Seit 1996 werten wir die Beurteilungskärtchen monatlich aus, um Schwankungen besser erfassen zu können. Statt wie bisher die Gesamtanzahl aller Reklamationen zu zählen, unterscheiden wir nun zwischen der Anzahl der Schreiben, bei denen wir uns für Lob bedanken (= Dank), bei denen wir uns entschuldigen (= Entschuldigung), bei denen beides erfolgt (= Dank & Entschuldigung) und der Anzahl der Kärtchen, bei denen keine Reaktion erfolgt. Im selben Zug fingen wir an, die Reklamationen abteilungsweise zuzuordnen, die Kosten der Wiedergutmachung zu erheben und die Reklamationen in Softwarefehler und Hardwarefehler zu unterteilen.

Die Entwicklung seit 1996 zeigt folgenden Verlauf:

	Danke	Entschuldigung	Dank & Entschuldigung	keine Reaktion	Gesamt
1996	858 = 33,7%	136 = 5,2%	91 = 3,5%	1509 = 58,2%	2594 = 100 %
1997	1105 = 35,9%	271 = 8,0%	157 = 5,1%	1542 = 50,1%	3075 = 100 %

Der prozentuale Anstieg in den Bereichen «Danke», «Entschuldigung» und «Dank & Entschuldigung» ist darauf zurückzuführen, dass wir immer akribischer auf die Gästebemerkungen eingehen. Dies zeigt sich in dem Bereich «Keine Reaktion», die um 8,1% zurückgegangen ist.

Die Gesamtanzahl an Reklamationen teilt sich auf in:

Abteilung	Höhe DM	Software	Hardware
Küche	3 423,50	86	0
Restaurant	10 168,50	90	39
Reception	2 505,50	16	0
Kreativzentrum	535.—	4	1
Housekeeping	1 972.—	32	7
Gesamtbetrieb	1 803,50	6	25
Haustechnik	387.—	5	2
Gesamt	**20 795.—**	**239 x**	**74 x**

Die Zielsetzung bezüglich der Reklamationen erfolgt nun abteilungsweise und DM-bezogen. Der 1995 eingeführte Stammkundenfragebogen zeigen folgende Teil-Ergebnisse: (eigene Ziele in Klammern)

Kriterium	1995	1996	1997	1998
Qualität der Speisen	1,7 (2,0)	1,7 (1,7)	1,2 (1,5)	(1,2)
Preis-Leistungsverhältnis	1,8 (2,0)	1,6 (1,7)	1,6 (1,6)	(1,5)
Service und Betreuung	1,5 (2,0)	1,3 (1,4)	1,1 (1,2)	(1,0)
Erfüllung von Sonderwünschen	1,3 (2,0)	1,2 (1,0)	1,2 (1,2)	(1,1)
Ausstattung der Tagungsräume	1,5 (2,0)	1,3 (1,5)	1,0 (1,3)	(1,0)
«Sich Wohlfühlen»	1,7 (2,0)	1,3 (1,5)	1,5 (1,3)	(1,3)
Reaktion auf Beschwerden	1,4 (2,0)	1,2 (1,3)	1,1 (1,1)	(1,0)

(Benotung von 1–4)

In den guten Benotungen hinsichtlich der «Erfüllung von Sonder-wünschen» und dem «Service & Betreuung» widerspiegelt sich klar das gelebte Unternehmensziel «Der Gast steht im Mittelpunkt unseres Tuns» Die Ergebnisse im Bereich «Preis-Leistungsverhältnis» zeigen deutlich die am Markt herrschende Preis-Sensibilität und veranlaßten uns, im Bereich «Tagung» den Preis seit 1996 einzufrieren.

Die Auswertung unserer Kundenzufriedenheitsgespräche zeigt deutlich, dass unsere strategischen Erfolgspositionen «Herzlichkeit der Mitarbei-

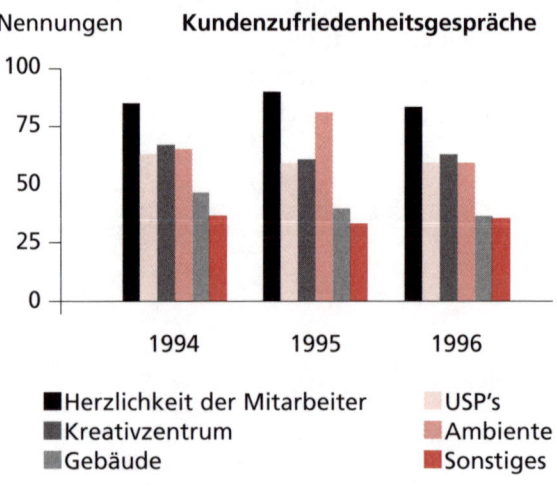

ter», «Ambiente» und «Die Summe der USPs» (unique selling propositions) immer noch Hauptursache für die hohe Auslastung sind.

6b) Zusätzliche Messgrößen, die sich auf die Kundenzufriedenheit beziehen.

Ein wichtiges Kriterium, bezogen auf die Zufriedenheit unserer Gäste, ist
unsere hohe Auslastung in allen Bereichen. In der Abteilung Hotel zeigt
das Ergebnis folgenden Verlauf:

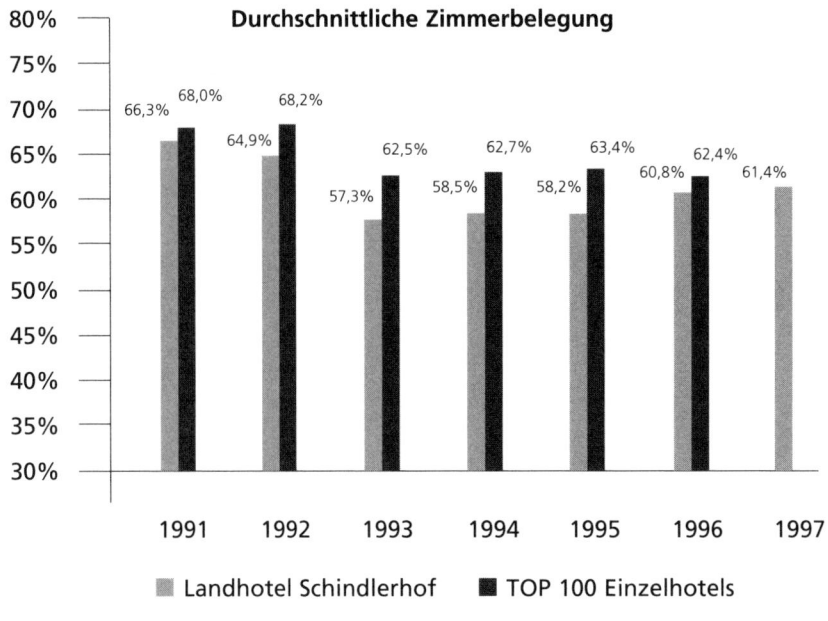

Quelle: Deutscher Fachverlag GmbH

Diese Auswertung lässt gut erkennen, dass die Einbrüche bei den Bele-
gungszahlen deutschlandweit stattfanden und selbst von den größten
Hotelketten nicht abgefangen werden konnten. Vergleichen wir uns mit
der Region Franken, so liegen wir weit über der Durchschnittsbelegung.

163

Jahr	1991	1992	1993	1994	1995	1996	1997
Belegung in % im Schindlerhof	66,3	64,9	57,3	58,5	58,2	60,8	61,4
Belegung in % in der Region	43,3	43,9	38,7	36,1	35,7	36,5	n. b.

Quelle: Fremdenverkehrsverein Nürnberg

Dies war nur möglich dank unseres hohen Stammgästeanteils, der trotz bestehenden Preiskampfs der Hotels untereinander nicht weggebrochen ist.

Auch der Tagungsbereich zeigt eine erfreuliche Auslastung wie folgt:

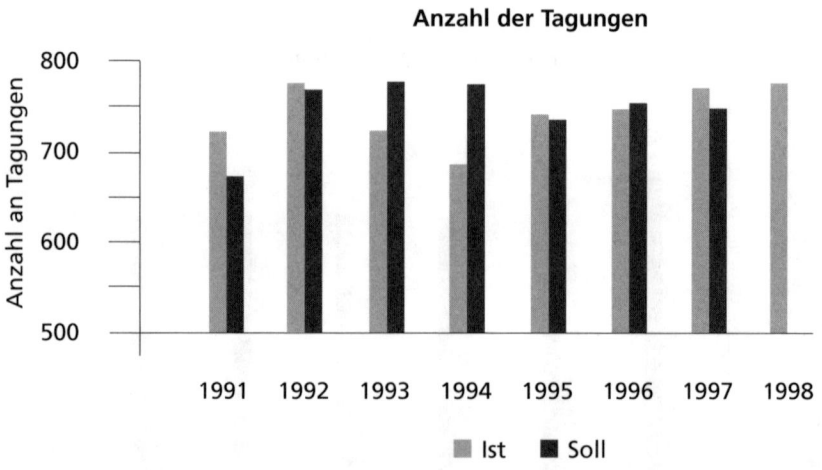

Quelle: Deutscher Fachverlag GmbH

Auch im Tagungsbereich liegt dieses gute Ergebnis an der hohen Anzahl an Stammtrainern und Stammfirmen. Und dies, obwohl wir mit unserem Preisniveau speziell im Tagungsbereich weit über dem des Marktes liegen.

Im Bereich Restaurant können wir anführen, dass wir trotz des geänderten Spesengesetzes (Reduzierung des Freibetrages) unseren Pro-Kopf-Umsatz pro Gast bei ca. DM 72.– halten konnten und sich die Gästezahl erneut erhöht hat.

164

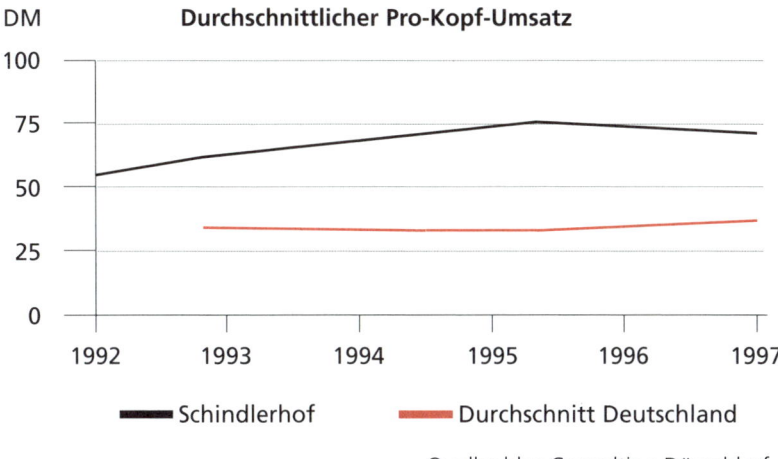

Durchschnittlicher Pro-Kopf-Umsatz

DM

Schindlerhof   Durchschnitt Deutschland

Quelle: bbg Consulting Düsseldorf

Jahr	1996	1997
Anzahl Gäste	43 581	44 733

Nicht zuletzt sehen wir auch unsere gesamten Auszeichnungen, Preise und Veröffentlichungen als ein Meßkriterium für die Gästezufriedenheit.

Preise:

1990 «Hotelier des Jahres»   Deutscher Fachverlag, Frankfurt/M.
1991 «Unternehmerpreis»   Josef Schmidt Colleg Deutschland
1994 «Marketing Preis»   Hotel Sales and Marketing Assoc.

1994 «Preis für Öffentlichkeitsarbeit»   Hotel Sales an Marketing Association
1997 «Unternehmer des Jahres»   Institut für Führungskräfte
1998 «Business Traveller Award»
      für Innovatives Konzept   «Business Traveller»

Veröffentlichungen in Büchern als Modell:

1991 «Kreativität»   Helmut Weyh
1992 «Speisekarten Design»   Deutscher Fachverlag
1993 «Motivaction»   Klaus Kobjoll

165

1993	«CI Report»	Antonoff
1994	«Vom Handwerker zum Unternehmer»	Lutz/Strecker
1995	«Virtuoses Marketing»	Klaus Kobjoll

Berichterstattung in audiovisuellen Medien:

1991 Süddeutscher Rundfunk	«Lohn der Arbeit»
1993 SAT 1; Schreinemakers Live	«Deutschlands nettester Chef»
1994 SAT 1	«Dienstleistung in Deutschland»
1995 Deutsche Welle	«Dienstleistung»
1996 ARD	«Das Märchen vom König Kunde»

Presseberichte:

Presseberichte erschienen unter anderem in «Süddeutsche Zeitung», «Manager Magazin», «Auto-Motor-Sport», «VIF Gourmet-Journal» und «Impulse» um nur einige zu nennen.

Um den Zusammenhang zwischen den Auszeichnungen und der Gästezufriedenheit zu verdeutlichen, sei gesagt, dass unser Modell vor allem deshalb die große Vorzeigefunktion eingenommen hat, weil wir auch auf der wirtschaftlichen Seite bessere Zahlen als der Großteil der Branche vorweisen können.

Jahr	1990	1991	1192	1993	1994	1995	1996	1997
Anzahl Presseberichte	89	93	85	112	90	113	125	130

Als weiteres Kriterium für die Kundenzufriedenheit sehen wir die Dankschreiben unserer Gäste, da sie unaufgefordert und freiwillig verfaßt werden.

Einige Zitate aus diesen Briefen belegen die Begeisterung der Gäste:
*   «Sie haben mich angesteckt. Ich habe den Kobjoll-Virus eingefangen.» (REWE Zentrale)
*   «Auf Ihrer Rechnung, die mich heute erreicht hat, steht der Aufdruck ‹Hotel des Jahres 1990›. Einhellige Meinung des EKS-Teams ist, dass

166

dieser Titel wohlverdient ist» (Frankfurter Allgemeine Zeitung GmbH)

- «Sie setzen mit Ihrer Philosophie in der Gastronomie neue Maßstäbe, die sicher für den einen oder anderen Hotelier Ansporn sind, Ihnen nachzueifern.» (HelfrechtZentrum)
- «Ich bin jetzt seit 20 Jahren Unternehmensberater und Trainer, aber ein so perfektes Tagungszentrum habe ich in all den Jahren noch nie erlebt.» (RDV Institut für Rhetorik*Dialektik*Verkauf)

Ebenfalls erfreulich war das Ergebnis der Auswertung der Kontaktmedien bei den Erstgästen. Von 3706 Erstgästen im Jahr 1996 kamen 1014 über Mundpropaganda zu uns. Das sind fast 30%. In dieser Zahl finden wir unsere Strategie bestätigt, dass ein zufriedener Gast der beste Werbeträger nach außen für ein Unternehmen ist.

Kriterium 7: Die Zufriedenheit der Mitarbeiter

«Somit wird das Unternehmen zur geistigen Heimat, in der alle Mitunter-nehmerInnen ihre Persönlichkeit entfalten und persönliche Genugtuung gewinnen können.» (Zitat Spielkultur)

7a) Die Beurteilung der Organisation aus der Sicht der Mitarbeiter

Die Beurteilung unseres Unternehmens durch die Mitarbeiter erfolgt grundsätzlich über eine einmal jährlich durchgeführte Umfrage zur «Mitarbeiter-Meinung». Diese Umfrage bezeichnen wir als Basisumfrage. Wir behalten uns vor, bei Bedarf zusätzliche spezielle Umfragen zu starten. Bedarf ist dann gegeben, wenn sich die Mitarbeiterzufriedenheit im Laufe des Jahres deutlich verschlechtert und dies bei den täglichen Servicebesprechungen zur Sprache kommt (dies führte übrigens zu einer extern erstellten Mitarbeiterbefragung 1993). Bedarf ist aber auch gegeben, wenn es darum geht, die Implementierung neuer Einführungen zu überprüfen (z. B. wurde eine Mitarbeiterbefragung zum Thema Qualität und ISO 9001 im Jahr 1995 durchgeführt; 1998 befragten wir die Mitarbeiter hinsichtlich der neuen Systematik bei der Vorstellung des Jahreszielplans).

Die jährlich durchgeführte Basisumfrage zur Mitarbeiter-Meinung beschäftigt sich mit folgenden Punkten: «persönliches Wohlbefinden», «Miteinander Umgehen», «Arbeitsplatzbedingungen», «Aus- und Weiterbildung», «interne Kommunikation». Zusätzlich werden offene Fragen gestellt. Die Auswertung erfolgt global für das gesamte Team und getrennt nach einzelnen Abteilungen.

Unsere Zielsetzung für alle Punkte der Mitarbeiterbefragung ist der Durchschnitt von 1,0 in allen abgefragten Bereichen.

Die Ergebnisse der letzten Jahre lassen sich wie folgt darstellen:

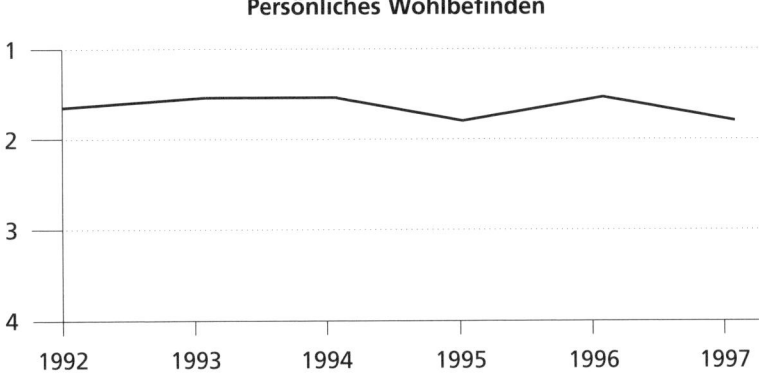

Persönliches Wohlbefinden

Der Einbruch im Punkt «Persönliches Wohlbefinden» im Jahr 1995 ist auf ein strenges Kostenmanagement im Jahr nach der Rezession zurückzuführen.

Der Einbruch im Jahr 1997 steht im Zusammenhang zu der Organisationsform in unserer Abteilung Restaurant. Dieses Ergebnis war ausschlaggebend für die Reorganisation der Abteilung im Jahr 1998.

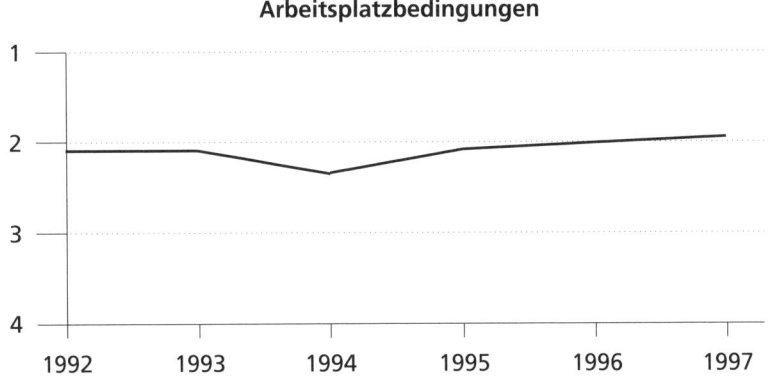

Arbeitsplatzbedingungen

Die Kurve im Bereich Arbeitsplatzbedingungen steigt an entsprechend den Umbauten in unserem Küchenbereich und der damit verbundenen Arbeitserleichterung.

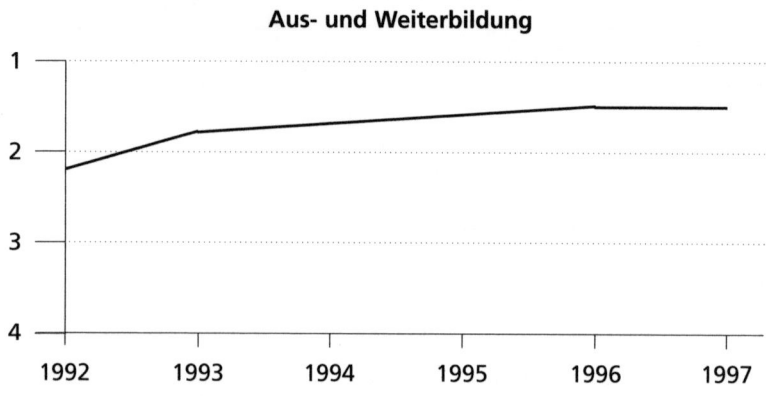

Der Verlauf der Kurve in Aus- und Weiterbildung spiegelt die zunehmende Referententätigkeit von Klaus Kobjoll wieder. Immer mehr Mitarbeiter hatten die Möglichkeit, seine Seminare zu besuchen.

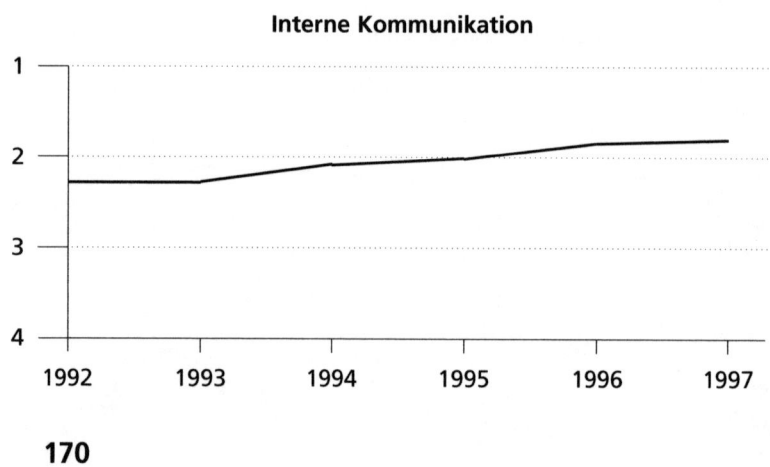

Wie bereits im Vorfeld erwähnt, sind wir kontinuierlich bemüht, die interne Kommunikation zu verbessern. Ein deutlicher Anstieg der Kurve zeigt sich in dem Jahr nach der Einführung der Qualitätshandbücher.

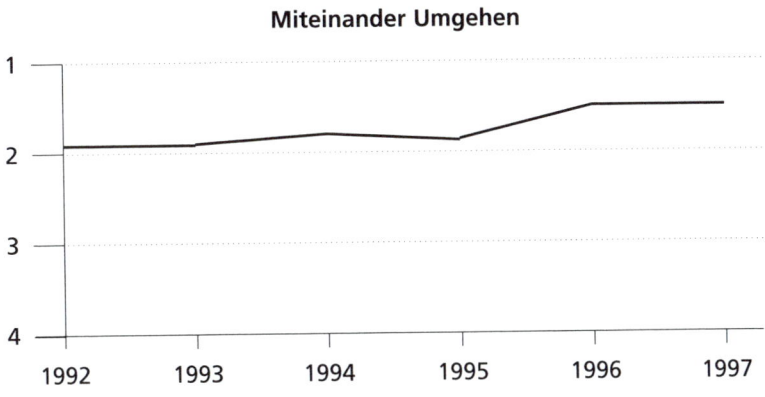

Die ständig positive Entwicklung in diesem Punkt widerspiegelt eindeutig die von uns angestrebte Harmonie im Team.

7b) Weitere Messgrößen zur Mitarbeiterzufriedenheit

Als weitere Messgrößen im Zusammenhang mit der Mitarbeiterzufriedenheit sehen wir folgende Kriterien:
1.   Die Kranktage im Vergleich zur Gesamtwirtschaft;
2.   Die Teilnahme an Verbesserungsvorschlägen;
3.   Die Teilnahme an Weiterbildungsmaßnahmen.

zu 1) Viele Studien belegen, dass zwischen der Häufigkeit von Krankmeldungen und der Motivation eines Mitarbeiters ein Zusammenhang besteht. Unternehmen, denen es gelang, ihre Mitarbeiter in die gemeinsame Zielsetzung mit einzubeziehen, zeigten einen deutlichen Rückgang in der Anzahl der Kranktage. Daher ziehen auch wir diese Auswertung zur Wiederspiegelung unserer Mitarbeiterzufriedenheit heran.

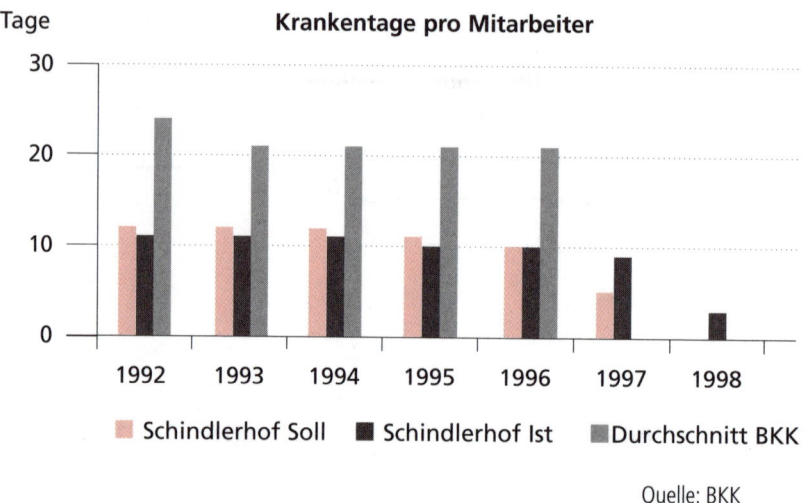

Quelle: BKK

Im Vergleich zu den Mitgliedern der Betriebskrankenkassen (BKK) sind die Schindlerhof-Mitarbeiter um fast 50% weniger krank.

zu 2) Ein weiterer Gradmesser der Mitarbeiterzufriedenheit ist die Beteiligung an unserem Verbesserungsvorschlagswesen (siehe Kriterium 5d, Seite 157). Nur Mitarbeiter, die sich mit dem Unternehmen identifizieren, haben Interesse an einer ständigen Verbesserung.

Der Einbruch im Jahr 1993 ist damit verbunden, dass wir in diesem Jahr erstmalig alle eingegangenen Vorschläge bereits vor unserem Jahreszielplan sortiert und zusammengefasst haben (Mehrfachnennungen). Diese Handhabung hat sich jedoch nicht bewährt, einige Mitarbeiter fühlten sich übergangen. Der Anstieg im Jahr 1995 ist eindeutig mit der Einführung von ISO 9001 und der hohen Sensibilisierung zum Thema «Qualität» verbunden.

172

Verbesserungsvorschläge

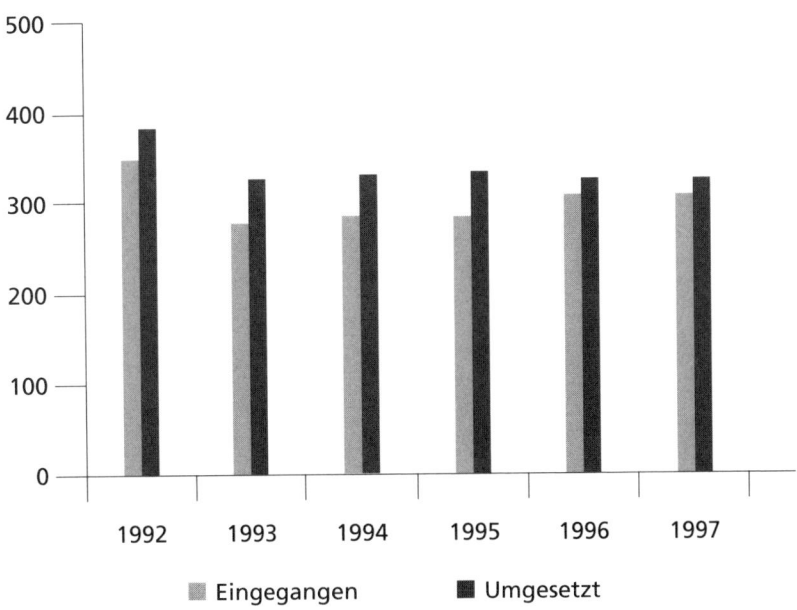

Ebenfalls lässt sich die Anzahl der Vorschläge pro Mitarbeiter im Landhotel Schindlerhof mit der Anzahl pro Mitarbeiter in der deutschen
Industrie und bei Behörden vergleichen.

Jahr	1991	1992	1993	1994	1995	1996	1997
Deutscher Durchschnitt	0,14	0,15	0,16	0,18	0,24	0,31	0.59
Landhotel Schindlerhof	4,16	4,22	2,90	4,90	9,40	7,46	7,50

Quelle: Fremdenverkehrsverein Nürnberg

zu 3) Als weiteren Indikator für die Mitarbeiterzufriedenheit sehen wir die
Beteiligung an Weiterbildungsmaßnahmen.

Weiterbildung

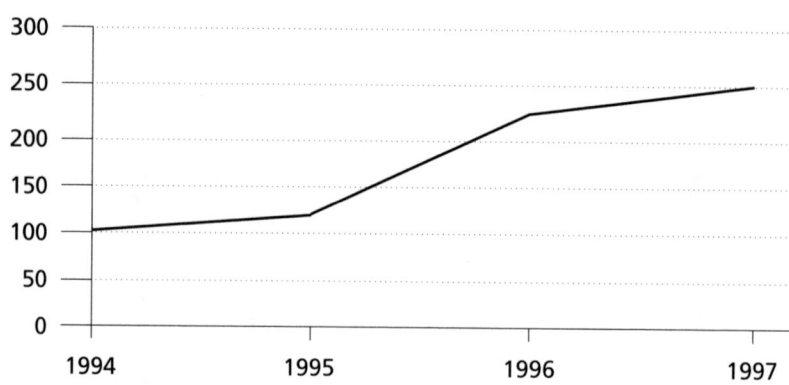

Nicht als erfasste Messgröße, jedoch auch als Indikator für die Mitarbeiterzufriedenheit ist anzuführen:

- Alle Mitarbeiter leisten eine Arbeitszeit von ca. 45 Wochenstunden, Führungskräfte von bis zu 50 Wochenstunden. Im Vergleich: Die Arbeitszeit in der Industrie liegt bei durchschnittlich 35 Wochenstunden.
- Es werden immer wieder Aufgaben von Mitarbeitern in ihrer Freizeit erledigt.
  * Erstellen von Weinkarten
  * Einkäufe
  * Messebesuche
  * Workshops
  * Seminare
- Unsere Mitarbeiter sind gerne Gäste in unserem Unternehmen. Restaurant und Hotel werden für Familienfeiern genutzt.

Wir sind überzeugt, dass eine derartige freiwillige Leistungsbereitschaft nur von hoch motivierten Mitarbeitern kommen kann.

Kriterium 8: Auswirkungen auf die Gesellschaft

«Wir erfüllen unsere gesellschaftliche und soziale Verpflichtung. Für die Umwelt, in der wir leben, stellen wir nicht nur einen wirtschaftlichen, sondern auch einen geistigen und sozialen Wert dar.» (Zitat Spielkultur)

Wirtschaftlicher Aspekt

Bereits in unserer Einkaufspolitik ist eindeutig festgelegt, dass wir – wo möglich – Produkte von ansässigen Herstellern abnehmen. Wir beziehen daher einen großen Teil unserer Frischprodukte von Bauern aus der Umgebung.

Unsere Mitarbeiter haben zum großen Teil ihre Wohnungen im Ort. Wann immer ein Mitarbeiter eine Wohnung benötigt, werden wir zuerst am lokalen Wohnungsmarkt aktiv. Dies führte dazu, dass freiwerdende Wohngelegenheiten inzwischen ungefragt durch die Bevölkerung an uns herangetragen werden.

Unsere Handwerker kommen ausschließlich aus unserem lokalen Markt.

Sozialer Aspekt

Wir unterstützen ortsansässige Vereine und Einrichtungen sozialer Art. Unser Spendenvolumen hat sich seit 1991 beständig vergrößert.

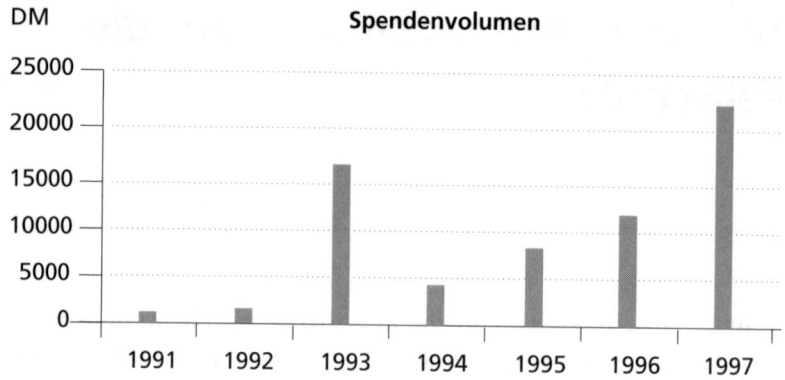

Geistiger Aspekt

Wir veranstalten Gratis-Seminare mit Klaus Kobjoll als Seminarleiter für folgende Zuhörergruppen: Fachhochschulen, Universitäten, Berufsfach-schulen, Bauernverbände, Frauenverbände. Durch diese Popularität stieg die Anzahl der ungefragten Bewerbungen kontinuierlich.

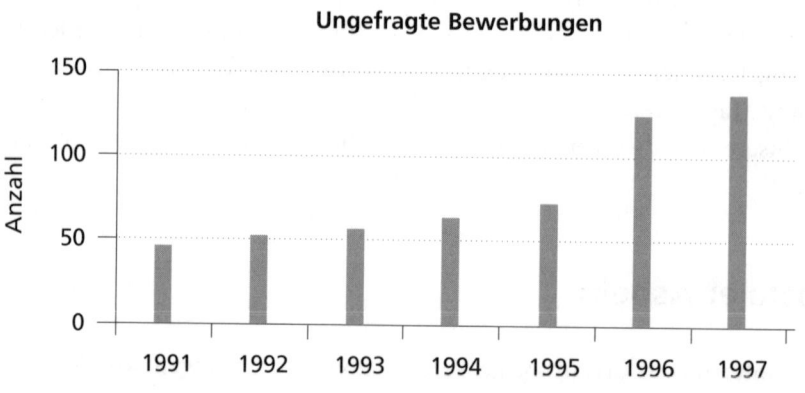

Wir erhöhen durch unsere breite Popularität den Bekanntheitsgrad unseres Ortes. Ergebnis einer Marktstudien-Umfrage durch das Wickert-Institut,

176

Illereichen, aus dem Jahre 1993 ergab, dass 83% der befragten Personen unser Unternehmen für eine Bereicherung der Region halten. Die Befragung wurde bisher nicht wiederholt, da sie sehr kostenintensiv war.

Umweltaspekt

Als Beispiel einer umweltsensibilisierten Unternehmensführung möchten wir anführen: Fassadenbegrünung, ein Frühstücksbüffet ohne Portionsverpackungen, Bier aus ökologischem Anbau, Bio-Weine, eine Frischprodukteküche, Spender für Seifen und Waschlotionen, zum Teil Recyclingpapier bei den Drucksachen und ein gesundes Bauen im Kreativzentrum ohne Verwendung von umweltbelastenden Farben, Holzschutzmitteln und Leimen.

Bereits 1990 ließen wir uns durch einen Schweizer Umweltexperten ein auf unser Unternehmen zugeschnittenes Umweltkonzept erstellen. Viele daraus resultierende Anregungen wurden bis heute umgesetzt:
- Die Umweltverantwortung wurde in der Unternehmensphilosophie verankert (siehe Kriterium 2c, Seite 128 f.).
- Als Anlauf- und Koordinationsstelle wurden Umweltverantwortliche ernannt.
- Ein Kräutergarten wurde angelegt.
- Der Parkplatz wurde mit Pflastersteinen belegt und nicht geteert.
- Energiesparlampen wurden eingebaut.
- Die Menüvorschläge wurden um Angebote aus der Naturküche erweitert.
- Die Bettwäsche wird mit reduzierter Temperatur gewaschen.
- Alle Putzmittel werden auf ihre Umweltverträglichkeit überprüft.
- Die Wegwerfkugelschreiber wurden durch Bleistifte ersetzt.
- Die Papiertücher in den öffentlichen Toiletten wurden durch Handtuchrollen ersetzt.
- Gästehandtücher werden nur noch auf Wunsch täglich gewechselt.

Als Ergebnisse sind die von 1991 bis 1994 kontinuierlich sinkenden Wasserkosten anzuführen. Der Anstieg im Jahr 1995 ist auf Reno-

vierungsarbeiten und die Bauarbeiten unseres Backhauses zurückzuführen.

Der Anstieg im Jahr 1995 ist zurückzuführen auf die höhere Auslastung,
aber auch auf die Instandhaltungsarbeiten an unseren Bädern und die
Bauarbeiten an unserem Backhaus.

Durch Umstrukturierung im Bereich der Abfallentsorgung wurden folgende Kostenreduzierungen erreicht:

Jahr	1996	01.–06.97	06.–12.97
DM	24972.—	9114.—	6750.—

Kriterium 9: Geschäftsergebnisse

9a) Finanzielle Messgrößen über die Leistungen

Seit dem ersten Jahreszielplan im Jahr 1988 erstellen wir einen jährlichen Soll-Ist-Vergleich bezogen auf unseren Umsatz. Die Verlaufskurve der letzten Jahre zeigt unsere Umsatzentwicklung im Vergleich zur Branche.

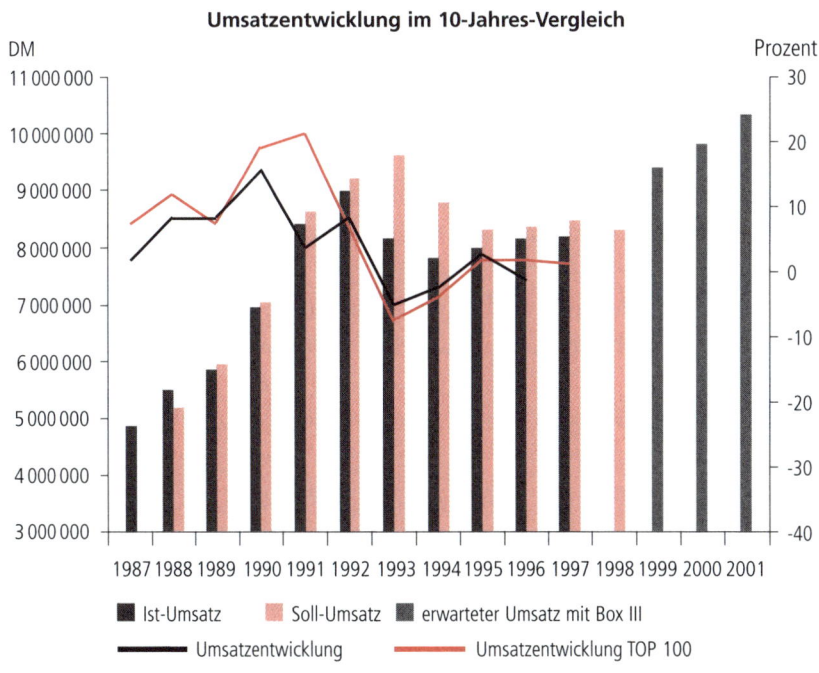

Umsatzentwicklung im 10-Jahres-Vergleich

Unsere Umsatzkurve zeigt in den Jahren 1987 bis 1992 eine kontinuierliche Tendenz nach oben. Während die Umsätze der Top 100 Hotels bereits im Jahr 1991 einen gewaltigen Einbruch erlitten, bewirkte bei uns der Anbau und die Erhöhung der Zimmerkapazität eine weitere Umsatzsteigerung. Die Umsatzrückgänge seit 1993 verlaufen bei uns fast identisch mit der Kurve der Top 100. Seit 1994 ist die Tendenz wieder steigend.

Während unser Unternehmen von 1994 auf 1995 und auf 1996 bereits einen Umsatzzuwachs von je 2% erwirtschaften konnte, ist der Umsatz im deutschen Gastgewerbe weiterhin um 4% gesunken (Quelle: Statistisches Bundesamt). Von 1996 auf 1997 konnten wir einen weiteren Umsatzzuwachs von 1% verbuchen.

Der Gesamtumsatz setzt sich aus den Planungen der einzelnen Abteilungen zusammen. Den Trend in den einzelnen Abteilungen entnehmen Sie der Abbildung auf der gegenüberliegenden Seite.

Das Unternehmerehepaar ist von allen Banken bei den umfangreichen Immobilienfinanzierungen von der persönlichen Haftung freigestellt, da die werthaltigen Gebäude und die Komplexität des Unternehmensmodells als Sicherheit anerkannt werden. Darüber hinaus hat die Bayrische Beteiligungsgesellschaft (= Freistaat Bayern und ca. 20 Großbanken und Versicherungen) uns eine Million DM haftendes Kapital zur Verfügung gestellt. Die BBG hat bereits ihr Interesse signalisiert, uns eine weitere Million haftendes Kapital für die Expansionspläne 1997 bereitzustellen.

Als weitere Messgrößen bezogen auf unseren Unternehmenserfolg möchten wir anführen (Zahlen in DM; 1997 vorläufig):

1. das Verhältnis zwischen dem bereinigten Gewinn zum Umsatz.

Jahr	1992	1993	1994	1995	1996	1997
Bereinigter Gewinn	167 923	571 419	339 859	247 644	633 607	616 862
Umsatz	7 588 965	6 884 874	6 907 856	7 023 202	7 324 309	7 267 045
in Prozent	3 %	9 %	5 %	4 %	9 %	8 %

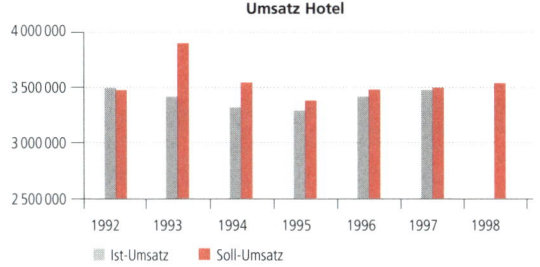

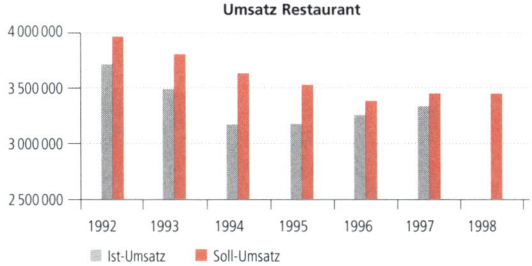

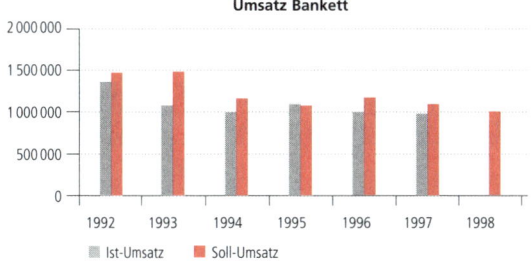

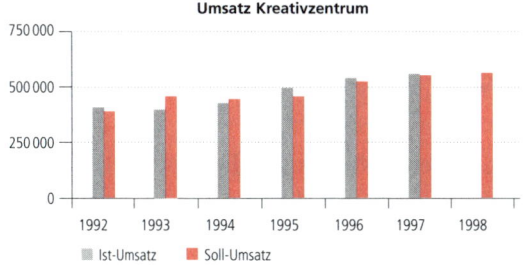

181

2. die Eigenkapitalrendite (bereinigter Gewinn im Verhältnis zum bereinigten Eigenkapital)

Jahr	1992	1993	1994	1995	1996	1997
Bereinigter Gewinn	167 923	571 419	339 859	247 644	633 607	616 862
bereinigtes Eigenkapital	1 358 651	1 800 131	1 734 356	1 749 459	1 819 882	1 693 137
in Prozent	13 %	32 %	20 %	15 %	35 %	36 %

3. die Gesamtrendite (bereinigter Gewinn plus langfristige Zinsen im Verhältnis zum Gesamtkapital)

Jahr	1992	1993	1994	1995	1996	1997
Bereinigter Gewinn	167 923	571 419	339 859	247 644	633 607	616 862
langfristige Zinsen	834 849	840 333	778 289	720 127	701 392	694 929
Gesamtkapital	12 160 833	12 382 229	11 903 802	11 233 797	11 733 609	11 293 997
in Prozent	9 %	12 %	10 %	9 %	11 %	12 %

4. den errechneten Cashflow

Jahr	1992	1993	1994	1995	1996	1997
Cashflow	1 545 075	1 770 439	1 276 436	1 145 955	1 587 471	1 455 290

5. die Finanzkraft des Unternehmens

Jahr	1992	1993	1994	1995	1996	1997
Finanzkraft	2 780 323	3 030 855	3 624 262	2 277 338	2 565 386	2 464 668

Die Vermarktung unseres Konzeptes durch die Referententätigkeit von Klaus Kobjoll zeigt folgende Ergebnisse, die der Finanzkraft des Unternehmens zugerechnet werden können.

182

Jahr	1992	1993	1994	1995	1996	1997
Jahresüberschuss	75 932	77 373	101 997	145 526	204 706	210 567

9b) Zusätzliche Messwerte

Für die Gastronomiebranche gibt es weitere Kennzahlen, die aussagekräftig sind hinsichtlich des Erfolges eines Unternehmens.

In diesem Zusammenhang sehen wir den Pro-Kopf-Umsatz pro Mitarbeiter eines Unternehmens.

Jahr	1991	1992	1993	1994	1995	1996	1997
Umsatz pro Mitarbeiter in DM	179 089	192 865	183 186	189 821	191 810	188 573	192 527
Top 150 (Nr. 1)[1]				212 389	212 389	205 752	
Top 150 (Nr. 2)[1]				123 601	129 307	138 461	
Durchschnitt deutscher Hotels[2]			110 500	112 600	115 400		

Quellen: [1] Neue Gastronomische Zeitung – Marktforschung
[2] bbg Consulting Düsseldorf

Eine weitere Kennziffer ist der durchschnittliche Zimmerverkaufspreis, also Zimmerpreis ohne Frühstück.

Im Rahmen unserer Preisgarantie: «Wir garantieren Ihnen, dass jeder Kunde unsere Gastfreundschaft zum selben Preis erhält» ist es uns gelungen, unser Preisniveau im Hotel ständig den steigenden Kosten anzupassen und diesen Preis auch durchzusetzen, während die Branche eine regelrechte Talfahrt der Zimmerpreise durchmachte.

Jahr	1991	1992	1993	1994	1995	1996	1997
Zimmerpreis im Schindlerhof (in DM)	157	167	182	182	182	187	189
Zimmerpreis der Top 150 (in DM)	190	206	198	191	185	n. n.	
Zimmerpreis der IHA Kooperation in Nürnberg						145	139
Zimmerpreis in der Landidyll Kooperation					108	109	n. n.

Quellen: Neue Gastronomische Zeitung – Marktforschung & Studie IHA/Arthur Anderson

Ein weiterer Indikator ist der Jahres-Netto-Umsatz pro Zimmer:

Jahr	1992	1993	1994	1995	1996	1997
Landhotel Schindlerhof	109 794	100 998	96 478	98 666	100 410	101 391
Top 150 (Nr. 1)			91 429	91 429	88 571	n. n.
Top 150 (Nr. 2)			172 861	180 929	193 643	n. n.
Durchschnitt deutscher Hotels		80 558	85 816	88 401		

Im Restaurant sanken, nach Verknüpfung der Dienstplanung in den Abteilungen Restaurant, Tagung und Housekeeping, Kosten für Aushilfen:

Jahr	1997	Januar–März 1998	April–Dezember 1998 (Ziel)
Mitarbeiterkosten Restaurant	37 613	37 455	37 400
Kosten für Aushilfen	2 971	1 892	1 500

Gezieltes Stammkundenmarketing im Tagungsbereich zeigte bei der Spitze unserer Top 20 Auswertung folgende Ergebnisse:

Jahr	1994 Umsätze in DM	1995 Umsätze in DM	1996 Umsätze in DM	1997 Umsätze in DM
Kunde A (code R)	157 220	150 317	506 231	101 391
Kunde B (code GRT)	62 775	73 123	96 237	126 770
Kunde C (code MC)	57 336	71 159	96 237	112 952

Dritter Teil

Die Europäische Qualitätsauszeichnung

Die Europäische Qualitätsauszeichnung Kleine und mittelgroße Unternehmen

FEEDBACK-BERICHT

August 1998

Einführung

Einer der Vorteile, den die Bewerbung um die Europäische Qualitätsauszeichnung mit sich bringt, ist das Feedback, das alle Bewerber über die
von ihnen eingereichte Bewerbung erhalten.

Es hat uns sehr gefreut, Ihr Unternehmen über Ihre Bewerbung für die
Europäische Qualitätsauszeichnung 1998 kennen zu lernen. Ihre Bewerbung wurde einem Team zugeteilt, das sich mit großem Engagement daran machte, Ihre Bewerbung fair und objektiv zu bewerten. Dieses
Feedback soll Ihnen diese Bewertung Ihrer Bewerbung verdeutlichen und
Ihnen gleichzeitig die wesentlichen Stärken sowie diejenigen Bereiche, in
denen Verbesserungen angebracht sind, aufzeigen – wie diese vom Bewer-
tungsteam gesehen wurden.

Der Feedback-Bericht zielt vorrangig auf Verbesserungen ab. Wir hof-
fen, dass Sie die Kommentare für konstruktiv und auf kontinuierliche
Verbesserung ausgerichtet halten, so wie dies dem Grundanliegen des
Total Quality Management entspricht.

Wir haben absichtlich darauf verzichtet, Vorschläge für mögliche
Vorgehensweisen beim Umsetzen dieser Verbesserungen zu machen, da
dies den Rahmen unseres Feedback überschreiten würde. Weder die EF-
QM noch irgendwelche Gutachter führen in diesem Bereich Beratungen
durch. Wir bieten allen Bewerbern die Möglichkeit an, den Feedback-
Bericht mit dem leitenden Gutachter des Teams sowie eventuell einer
zweiten Person zu diskutieren, die an diesem Feedback-Bericht mitgear-
beitet hat. Dieses Meeting würde in Ihrem Unternehmen stattfinden, und
die Kosten für Reise und Unterbringung wären von Ihnen zu tragen.
Wenn Sie von diesem Angebot Gebrauch machen möchten, informieren
Sie uns bitte.

Der Feedback-Bericht besteht aus drei Teilen. Der erste Teil ist ein kur-
zer Überblick über den Bewertungsvorgang für die Bewerbungen um die
Auszeichnung des Jahres 1998. Dieser Teil soll Ihnen die Arbeit vor Augen
führen, die schließlich zum Feedback-Bericht geführt hat. Der zweite Teil
beginnt mit allgemeinen Ausführungen über die Bewerbung als Ganzes,
gefolgt von detaillierten Kommentaren über die Stärken und Gebiete für
Verbesserungen im Hinblick auf jedes Auszeichnungskriterium. Dieser

190

Teil basiert auf den Beobachtungen des Teams, das Ihre Bewerbung bewertet hat und wurde vom Team selbst formuliert. Der dritte Teil besteht aus einer Tabelle, die für jedes Kriterium die Punktzahl enthält, die Ihre Bewerbung im Rahmen von 10 Prozent-Intervallen erreicht hat sowie die erreichte Gesamtpunktzahl in 50-Punkt-Intervallen auf einer Skala von 0 – 1000. Schließlich enthält dieser Teil noch eine Matrix, die zeigt, wie die erreichte Punktzahl bei allen Bewerbern im Jahr 1998 verteilt war.

Überblick über den Bewerbungsvorgang

Der Bewerbungsvorgang um die Europäische Qualitätsauszeichnung beginnt mit der Veröffentlichung der Bewerbungsbroschüre. Diese enthält die Anforderungen und verlangte für 1998, dass die Bewerbungen EFQM bis zum 31. März 1998 vorzuliegen hätten.

Gutachter

Der erste Schritt bestand darin, jeder eingegangenen Bewerbung ein Team von vier oder fünf Gutachtern zuzuordnen. Bei diesen Gutachtern handelte es sich weitgehend um erfahrene Manager europäischer Unternehmen, darunter auch einige Hochschuldozenten. Um die Bewertung der Bewerbungen um die Auszeichnung so einheitlich wie möglich zu gestalten, waren alle Gutachter geschult worden.

Bei der Zusammensetzung der Gutachterteams wurde folgenden Punkten Rechnung getragen:

* keine Interessenskonflikte zwischen dem Gutachter und dem sich bewerbenden Unternehmen;
* eine gute Mischung von Nationalitäten – mindestens ein Teammitglied aus dem Land des Bewerbers;
* eine Mischung aus Fähigkeiten und Erfahrungen.

Ein Teammitglied wurde zum leitenden Gutachter ernannt und mit Führung und Management der Bewertung der Bewerbung beauftragt.

Der Bewertungsvorgang

Kopien Ihrer Bewerbung gingen jedem Mitglied des Gutachterteams zur unabhängigen Beurteilung zu. Jedes Kriterium wurde unter den Aspekten «Stärken» und «Verbesserungsmöglichkeiten» bewertet, und das erzielte Ergebnis wurde auf den Listen 1 und 2 der Bewerbungsbroschüre eingeordnet.

Im nächsten Schritt bestand die Aufgabe des leitenden Gutachters darin, zu einem Konsens zu gelangen, der die Ansichten des gesamten Teams auf faire Weise widerspiegelte. Dies erfolgte gewöhnlich im Rahmen eines Konsens-Meetings, bei dem die Ergebnisse des Teams vorgestellt und diskutiert wurden.

Der erste Schritt des Beurteilungsvorgangs endete mit der Erstellung eines Konsens-Protokolls, in dem die Ergebnisse des Konsenses festgehalten wurden.

Die Jurymitglieder

Eine Jury wurde ernannt, die den Bewertungsvorgang überwachte und diejenigen Bewerber auswählte, die die Europäische Qualitätsauszeichnung oder Europäische Qualitätspreise erhalten sollten. Im Jahr 1998, dem zweiten Jahr der SME-Auszeichnung, bestand die Jury aus sieben Personen.

Ihr Vorsitzender war wiederum Antonio Silva Mendes, Directorate General III, Europäische Kommission; außerdem gehörten ihr zwei leitende Mitglieder der EOQ und EFQM an, um vom vergangenen Jahr ausgehend Kontinuität zu gewährleisten. Bei den anderen vier Jurymitgliedern handelte es sich um führende Manager europäischer Unternehmen, unter ihnen der Gewinner der SME Auszeichnung des Jahres 1997 sowie der Gewinner des Preises.

Eine wichtige Aufgabe der Jurymitglieder ist es, die Anforderungen festzulegen, die die Bewerber erfüllen müssen, um die Auszeichnung oder einen Preis zu erhalten. Daraufhin wählen sie diejenigen Bewerber aus, die vor Ort besucht werden sollen, um sicherzustellen, dass alle Bewerber, die die gestellten Anforderungen voraussichtlich erfüllen, genauer betrachtet werden können, ehe die endgültigen Entscheidungen getroffen werden.

Besuche vor Ort

Mit den Besuchen vor Ort soll die Bewerbung überprüft und direkt an der Quelle die eingesetzte Selbstbewertung betrachtet werden, um etwaige Unklarheiten zu bereinigen und um einen Eindruck vom Betriebsklima bei den Bewerbern zu erhalten.

Das Team, das den Besuch vor Ort durchführt, ist weitgehend das selbe, das die vorhergehende Beurteilung vornahm; es wurde jedoch eventuell vergrößert, um zu gewährleisten, dass das Besuchsteam über ausreichende Sprachkenntnisse und die Erfahrung verfügt, um den Besuch erfolgreich durchführen zu können.

Das Team für den Besuch vor Ort korrigiert gegebenenfalls das ursprüngliche Konsens-Ergebnis und unterbreitet den Jurymitgliedern anschließend die endgültige Beurteilung des Bewerbers. Auf der Grundlage der Berichte über die Besuche vor Ort wählen die Jurymitglieder den Bewerber, der die Auszeichnung erhalten soll sowie diejenigen Bewerber, die Preise erhalten sollen. Beim Gewinner der Auszeichnung handelt es sich um den Besten unter den Gewinnern der Preise.

Feedback-Berichte

Für die Erstellung von Teil 2 des Feedback-Berichts ist der leitende Gutachter bei der Bewertung der Bewerbung verantwortlich; das Gutachterteam formuliert die Ausführungen selbst. Diejenigen Bewerber, die nicht für einen Besuch vor Ort ausgewählt wurden, erhalten ein Feedback auf der Grundlage der Bewertungen des Teams im Anschluss an das Konsens-Meeting sowie anhand der Aufzeichnungen im Konsensprotokoll. Bei denjenigen Bewerbern, bei denen ein Besuch vor Ort stattgefunden hat, geht das Feedback selbstverständlich auch auf die Ergebnisse ein, die im Verlauf dieses Besuchs erzielt wurden.

Abschließende Bemerkung

Vielen Dank für Ihre Teilnahme um die Europäische Qualitätsauszeichnung 1998 für kleine und mittlere Unternehmen. EFQM würde sich freuen, in der Zukunft auch eine Bewerbung von Ihnen in Zusammenarbeit mit der Qualitätsorganisation Ihres Landes zu erhalten.

Allgemeine Kommentare zur Bewerbung

Der Besuch vor Ort war für das Gutachterteam äußerst angenehm und lohnenswert und ermöglichte es, dieses Unternehmen zu bewerten und die positive Atmosphäre sowie das große Engagement im Hinblick auf kontinuierliche Verbesserungen zu erleben, das auf allen Ebenen der Organisation des Landhotels Schindlerhof spürbar war.

Im Rahmen der Bewerbung gibt der Bewerber einen Überblick über die Abläufe und Ansätze; bei einer Reihe von Punkten gab es jedoch nur wenige Belege dafür, wie diese umgesetzt werden. Dies, verbunden mit der Tatsache, dass die Bewerbung auf maximal 35 Seiten begrenzt ist, ergab zum Zeitpunkt des Konsens-Meetings eine Reihe von Unklarheiten. Diese konnten jedoch zum größten Teil entweder während der vor Ort durchgeführten Interviews oder durch die Dokumentation beseitigt werden, die der Bewerber auf Wunsch des Gutachterteams erstellt hatte.

Kernstärken

Das Landhotel Schindlerhof besitzt eine starke Unternehmenskultur mit einer akzeptierten Spielkultur und Spielregeln. Die Mitarbeiter auf allen Ebenen der Organisation sind in diese Kultur integriert. Es ist erkennbar, dass Herr Kobjoll und sein Managementteam Total Quality Management sowie kontinuierliche Verbesserungen sowohl innerhalb des Unternehmens als auch nach außen umsetzen, und dies wird von allen ganz klar erkannt, die mit der Organisation in Verbindung stehen.

Der Bereich Mitarbeiterführung ist offenkundig eine der Hauptstärken beim Arbeitsablauf. Die wesentlichen Vorgänge und Ansätze im Bereich Mitarbeiterführung werden kenntlich gemacht, und die Mitarbeiter werden ständig zur Teilnahme daran sowie zu andauernden Verbesserungen im Unternehmen ermutigt.

Die Mitarbeiter erhalten vom Management auf vielerlei innovative Weise Anerkennung und Belohnung. Das Gutachterteam war der Ansicht, dass es sich hierbei bei einem Unternehmen dieser Größe um ein einzigartiges Merkmal handelt, sogar im Vergleich mit den besten Unternehmen der Branche in dieser Klasse.

Auch die Kommunikation im Unternehmen zählt zu dessen wesentlichen Stärken. Das System ist einfach strukturiert, jedoch äußerst effektiv, und es ist klar ersichtlich, dass es gut eingeführt ist und auf jeder Ebene der Organisation in großem Umfang angewandt wird. Außergewöhnlich ist auch die nach außen gerichtete Kommunikation der Spielkultur sowie der Pläne für Kunden, Lieferanten und Finanzgeber.

Kernpunkt des Unternehmens ist die Kundenzufriedenheit. Dies wird auf allen Ebenen der Organisation erkannt. Viele Ansätze des Bewerbers dienen dem Zweck, den Grad der Kundenzufriedenheit zu überwachen und zu identifizieren. Darüber hinaus zieht er Vergleiche mit der Konkurrenz heran. Die Vorstellungen der Kunden finden Verwendung in Verbesserungsmaßnahmen, und die Kunden werden sogar um ihren eigenen Input gebeten, welcher anschließend auf verschiedene Weise anerkannt und belohnt wird.

Die Abläufe werden gut gesteuert, und auf Abteilungsebene sowie auf allen Personalebenen besteht ein großes Maß an Eigenverantwortung. Das Unternehmen setzt auch Checklisten auf äußerst effektive Weise ein, um die Abläufe auf Tagesbasis im Griff zu haben.

Die Mitarbeiter sind ganz offensichtlich mit ihrer Tätigkeit im Schindlerhofhotel zufrieden. Dies war sowohl an den Ergebnissen als auch während des Besuchs vor Ort zu erkennen. Die Tatsache, dass sich das Landhotel Schindlerhof auf den Kunden ausrichtet, führt ebenfalls zu

Verbesserungen bei der Kundenzufriedenheit. Das Unternehmen weist auch gute Geschäftsergebnisse auf.

Bereiche für Verbesserungen

In vielen Ablaufbereichen bestand der wichtigste Bereich für Verbesserungen in der Notwendigkeit, eine systematische und strukturierte Möglichkeit zu finden, die bereits bestehenden Abläufe und Ansätze zu überprüfen. Die meisten der vorgenommenen Verbesserungen kamen von Vorschlägen der Kunden, den Ideenblättern und den Chancenblättern für Verbesserungen. Obgleich es sich hier um effektive und schnelle Möglichkeiten für kontinuierliche Verbesserungen handelt, liegt es in der Natur dieser Verbesserungen, dass sie eher reaktiv als proaktiv sind.

Auch wenn es die Schlüsselabläufe bereits seit vielen Jahren gibt, sind sie in vielen Fällen erst in den letzten Monaten identifiziert, beschrieben und dokumentiert worden. Aus diesem Grund stehen nur wenige Informationen darüber zur Verfügung, wie effektiv diese Abläufe sind, wie die Effektivität der Abläufe gemessen und überprüft wird und zu welchen Ergebnissen diese Abläufe führen. Dies macht es schwer, die Abläufe zu bewerten, und deshalb war es unklar, welche Beziehung zwischen den Geschäftsergebnissen, den Ergebnissen in den Bereichen Kundenzufriedenheit und Mitarbeiterzufriedenheit und der Leistung bei den Abläufen des Unternehmens besteht.

Im Bereich Ergebnisse stehen im allgemeinen nur wenige Vergleichszahlen zur Verfügung, die die Beurteilung unterstützen könnten. Dies erschwert die Bewertung, wie gut diese Ergebnisse tatsächlich sind und auf welcher Ebene sie eingeordnet werden können. In vielen Bereichen stehen auch nur begrenzte Informationen über die eigenen Unternehmensziele zur Verfügung.

1 Führung

Wie durch Verhalten und Handeln des Managementteams und aller anderen Führungskräfte die Kultur des Total Quality Management inspiriert, unterstützt und gefördert wird.

1a) Belege dafür, wie sich das Managementteam und alle anderen Führungskräfte dem Total Quality Management verschrieben haben

Anzugehende Bereiche *könnten* beinhalten, *wie* Führungskräfte
- für die Organisation klare Wertmaßstäbe und Erwartungen entwickeln und als Modelle für diese Wertmaßstäbe dienen;
- ein klares Verständnis des Total Quality Management demonstrieren und kommunizieren;
- Schulungen durchführen und selbst an Schulungen teilnehmen;
- den Mitarbeitern des Unternehmens zur Verfügung stehen, ihnen zuhören und auf sie reagieren;
- die Effektivität ihres Führungsstils überprüfen und verbessern.

Stärken
- Der Bewerber verfügt über gut definierte Wertmaßstäbe (Spielkultur und Spielregeln), die alle drei Jahre überprüft werden, um so zu erreichen, dass sie dem jeweils vorhandenen Mitarbeiterstamm entsprechen. Die Spielkultur wird im gesamten Unternehmen kommuniziert.
- Das Management des Unternehmens erklärt jedem neuen Mitarbeiter die Spielkultur während des Einstellungsfilterverfahrens sowie während des jährlich stattfindenden Teamseminars für neu und bereits länger tätige Teammitglieder.
- Eine starke Politik der offenen Tür sorgt dafür, dass die Manager ansprechbar und verfügbar sind.
- Auf Abteilungsebene und innerhalb der Abteilungen werden Qualitätszirkel eingesetzt, die auf Ideen und Innovationen eingehen.
- Die Abteilungsmanager sind dafür verantwortlich, Beschwerden zu erkennen, anzugehen und zu eliminieren.

- Jedes Mitglied des Personals erhält fachliche und persönliche Schulung. Bei der Ausbildung der Trainees werden auch Exkursionen eingesetzt.

Verbesserungsmöglichkeiten
- Es stehen nur wenige Informationen darüber zur Verfügung, wie das Management ein Feedback über seinen Managementstil erhält und wie die Effektivität des gesamten Führungssystems überprüft wird.

1b)Belege dafür, wie das Managementteam und alle anderen Führungskräfte Verbesserungen innerhalb des Unternehmens aktiv vorantreiben und welche Verbindungen sie mit Kunden, Lieferanten und anderen externen Organisationen haben

Anzugehende Bereiche *könnten* beinhalten, *wie* Führungskräfte
- innerhalb der Organisation Prioritäten für Verbesserungsaktivitäten setzen, sie finanzieren, organisieren und unterstützen;
- die Leistung von einzelnen Personen und von Teams, Kunden und Lieferanten anerkennen;
- Engagement im Hinblick auf Verbesserungen als eines der Kriterien einsetzen, um Kandidaten für Beförderungen und Belohnungen auszuwählen;
- Beziehungen mit Kunden, Lieferanten und anderen externen Organisationen gestalten und positive Schritte in die Wege leiten, um sie am Verbesserungsprozeß zu beteiligen;
- «beste Praktiken» innerhalb und außerhalb der Organisation verbreiten.

Stärken
- Die Abteilungsmanager treiben ganz offensichtlich Verbesserungen voran, indem sie Lieferanten besuchen und sich im Rahmen von Vorträgen und Führungen engagieren.
- Das Vorschlagswesen für Verbesserungen ist gut definiert, und es sind auch Verbesserungen vorgenommen worden, um das System noch effektiver zu machen. So hat das Unternehmen beispielsweise Mittwoch-

198

meetings eingeführt und ermutigt das Personal dazu, jeden Monat Vorschläge einzubringen.

- Kontinuierliches Engagement für die Geschäfte des Unternehmens sowie hervorragende Leistungen und Ideen werden anerkannt und honoriert.
- Der Bewerber sammelt die Ideen seiner Kunden mittels Beurteilungskärtchen, die von den jeweils betroffenen Abteilungsleitern beantwortet werden.
- Herr Kobjoll unterstützt im Umfeld TQM aktiv, indem er Vorträge hält und Bücher schreibt.

Verbesserungsmöglichkeiten
- Es gibt keine Anhaltspunkte dafür, wie die Beziehungen zwischen dem Management und den Lieferanten überprüft werden.
- Es gab nur wenige Anhaltspunkte dafür, wie die Effektivität des Vorschlags- und Anerkennungswesens überprüft wird.

2 Strategie und Planung

Wie das Unternehmen Strategien formuliert, einsetzt, überprüft und in Pläne und Handlungen umsetzt.

2a) Belege dafür, wie das Unternehmen auf der Grundlage relevanter und umfassender Informationen Strategie und Pläne formuliert

Anzugehende Bereiche *könnten* beinhalten, *wie* die Organisation Informationen identifiziert, ansammelt, analysiert und einsetzt, die in Verbindung zu den nachstehenden Punkten stehen:
- Kunden, Lieferanten, örtliches Umfeld/Gemeinde und weitere externe Organisationen;
- die Mitarbeiter im Unternehmen;
- vergleichende Studien;
- interne Leistungsindikatoren sowie Analyse von Stärken und Schwächen;

199

- Leistung der Konkurrenten;
- Aspekte in den Bereichen Soziales, Umweltfragen, Recht;
- ökonomische und demographische Indikatoren.

Stärken
- Der Bewerber verfolgt über einen dreistufigen Planungsprozess langfristige, mittelfristige und kurzfristige Pläne und Ziele. Der periodische Zielplan dient als Brücke zwischen Spielkultur und Jahreszielplan.
- In den Bereichen Strategie und Planung stehen fünf Instrumente zur Verfügung, die sich auf unterschiedliche Planungszeiträume konzentrieren.
- Der Bewerber sammelt planungsrelevante Daten und Informationen unter verschiedenen Gesichtspunkten des Geschäftsumfelds und setzt die Portfolio-Analyse als eine Grundlage für seine Planung ein.
- Seit 1988 ist der Prozess der jährlich stattfindenden Jahreszielplanmeetings vielfach angepaßt und optimiert worden.
- Nach dem Strategietag erstellen die Bereichsmanager, zusammen mit dem Personal, Umsatzpläne für ihre Bereiche.

Verbesserungsmöglichkeiten
- Es gibt nur wenige Anhaltspunkte dafür, wie das Personal in die Strategieplanung einbezogen wird.
- Es gibt nur wenige Anhaltspunkte dafür, wie der Planungsprozeß überprüft wird.

2b)Belege dafür, wie das Unternehmen Strategie und Pläne kommuniziert und umsetzt

Anzugehende Bereiche *könnten* beinhalten, *wie* die Organisation
- ihre Strategie und Pläne all ihren Mitarbeitern vermittelt;
- gewährleistet, dass ihre Mitarbeiter die Organisationsstrategie und -planung im Zusammenhang mit ihren Tätigkeiten verstehen;
- ihre Mitarbeiter in die Erstellung praktikabler und realistischer Ziele und Pläne einbezieht – und zwar auf allen Ebenen sowie im Kontext der künftigen Ausrichtung der Organisation.

Stärken

- Die neuen Mitarbeiter werden über die Spielkultur sowie über Strategie und Planung informiert, indem sie ein Exemplar der Spielkultur sowie des Jahreszielplanes erhalten.
- Den Mitarbeitern wird der Jahreszielplan sowie ein Exemplar der Spielkultur zugesandt.
- Herr Kobjoll selbst erklärt allen Mitgliedern des Personals den neuen Jahreszielplan.
- Die Bereichsmanager erstellen einen monatlichen Bericht, um die Ziele in die täglichen Aktivitäten einzubinden.
- Der Bewerber hat eine Umfrage eingeführt, um sicherzustellen, dass jeder Mitarbeiter den Jahresplan versteht.
- Spielkultur und Jahreszielplan werden auch extern an Kunden, Lieferanten, Finanzgeber und andere Partner kommuniziert.
- Die Effektivität der Kommunikation von Spielkultur und Jahreszielplan wird als Ergebnis von Diskussionen überprüft, die in der Absicht stattfinden, den Grad des Verständnisses zu überprüfen.

Verbesserungsmöglichkeiten

- Es gibt nur wenige Anhaltspunkte dafür, wie Unternehmenspläne und -ziele sowie Pläne und Ziele Einzelner und von Teams harmonisiert werden.
- Es gibt nur wenige Anhaltspunkte dafür, wie Strategie und Planung im Verlauf des Jahres kommuniziert werden.

2c) Belege dafür, wie das Unternehmen Strategie und Pläne aktualisiert und verbessert

Anzugehende Bereiche *könnten* beinhalten, *wie* die Organisation
- die Leistung im Vergleich mit den Plänen überprüft und gegebenenfalls anpaßt;
- sicherstellt, dass Eigentümer, Finanzgeber, Mitarbeiter und andere interessierte Parteien wie z. B. Kunden und Lieferanten in die Veränderungen bei Strategie und Planung eingebunden werden;

- die Relevanz und Effektivität ihrer Strategie und Planung bewertet;
- ihre Strategie und Planung überprüft, aktualisiert und verbessert.

Stärken
- Die Spielkultur wird alle drei bis vier Jahre aktualisiert. In diese Aktualisierung wird die Meinungsumfrage unter den Mitarbeitern einbezogen.
- Periodischer Zielplan sowie Jahreszielplan werden täglich, monatlich und jährlich überprüft.
- Überprüfungen von Umsatz, Kosten, Beschwerden, Ablaufsteuerung und Strategie finden statt.
- Leistungsindikatoren werden verwendet, um quantitative und qualitative Ziele zu aktualisieren.

Verbesserungsmöglichkeiten
- Es liegen nur wenige Informationen über einen systematischen Ansatz bei Aktualisierung und Verbesserung von Strategie und Planung vor.
- Es liegen nur wenige Informationen über einen systematischen Ansatz bei der Suche nach Daten und Informationen vor, die von Kunden und Lieferanten kommen sowie darüber, wie diese Informationen Strategie und Planung beeinflussen können und eventuell zu einer Aktualisierung führen.
- Es stehen keine Informationen über die Abläufe der Überprüfung von Aktualisierung und Verbesserung zur Verfügung.

3 Personalmanagement

Wie das Unternehmen das volle Potential seiner Mitarbeiter freilegt

3a) Belege dafür, wie das Unternehmen die Mitarbeiterplanung entwickelt und überprüft

Anzugehende Bereiche *könnten* beinhalten, *wie* die Organisation

- Mitarbeiter einstellt und ihre Fähigkeiten ausbaut, um dem Bedarf des Unternehmens zu entsprechen;
- Pläne für ihre Mitarbeiter erstellt (z.B. Einstellung, Schulung und Entwicklung, Weiterbildung), die an Unternehmensstrategie und -planung angepaßt sind;
- die Zielvorgaben von Einzelpersonen und Teams im Kontext der Geschäftsplanung abstimmt und überprüft;
- Leistung und Potential zur Karriereentwicklung aller Mitarbeiter bewertet.

Stärken

- Das Unternehmen verfügt über einen Jahreszielplan, der Aussagen über den Bedarf an Neueinstellungen macht.
- Für die Einstellung neuer Mitarbeiter hat der Bewerber ein gut durchdachtes 7-stufiges Verfahren. Dieses wird in den Kontext der Spielkultur eingebracht, indem das Unternehmen im Laufe dieses Verfahrens eingehend vorgestellt wird.
- Während des Einstellungsverfahrens wird eine Partneranalyse vorgenommen, welche als Grundlage für individuelle Schulungspläne dient.
- Das Unternehmen besitzt vorgegebene Kriterien für die Besetzung offener Stellen.
- Die Karriereplanung sowie die Notwendigkeit von Schulungen ergibt sich aus den Orientierungsgesprächen und der Partneranalyse.
- Wenn die Karriereentwicklung von Mitarbeitern nicht ermöglicht werden kann, wird Hilfe angeboten, um gegebenenfalls extern eine geeignete Position zu finden.
- In jährlich stattfindenden Orientierungsgesprächen wird durch Selbsteinschätzung sowie Einschätzung durch den Bereichsmanager auf 18 Kriterien eingegangen. In diesen Gesprächen herrscht eine offene Fragestellung, die sich mit den Karriereplänen der Mitarbeiter beschäftigt.

Verbesserungsmöglichkeiten

- Es gibt nur wenige Aussagen darüber, welche Beziehung zwischen Mitarbeiterplanung und langfristiger Geschäftsplanung (periodischer Zielplan) besteht sowie darüber, wie kurzfristige Mitarbeiterplanung während des Planungsjahres überprüft wird.

* Es gibt keine Aussagen darüber, wie die Mitarbeiterplanung der verschiedenen Bereiche auf Unternehmensebene koordiniert ist.
* Es gibt keine Aussagen darüber, wie das Einstellungsverfahren sowie das Schulungs- und Entwicklungsprogramm systematisch überprüft wird.

3b) Belege dafür, wie das Unternehmen Engagement und Eigenverantwortung gewährleistet

Anzugehende Bereiche *könnten* beinhalten, *wie* die Organisation

* ihre Mitarbeiter dazu ermutigt, Initiative zu ergreifen und innerhalb vereinbarter Parameter Veränderungen umzusetzen;
* unter allen Mitarbeitern Kommunikation nach oben, nach unten und seitlich möglich macht;
* all ihre Mitarbeiter (als Individuen und in Teams) in kontinuierliche Verbesserungsaktivitäten einbezieht.

Stärken

* Es unterliegt der Eigenverantwortung der Mitarbeiter, Vorschläge zu machen, auf Beschwerden der Gäste einzugehen und die eigene Arbeitsweise zu verbessern.
* Informationstafeln stellen sicher, dass der Vergleich zwischen Umsatzziel und Leistung im gesamten Unternehmen kommuniziert wird.
* Eigenverantwortung wird dadurch gefördert, dass die Mitarbeiter ihre eigene Leistung messen und hierbei Meßvorgaben einsetzen, die von ihnen selbst ausgearbeitet wurden.
* Die Mitarbeiter werden durch Bonusse und Geschenke belohnt und anerkannt, z.B. durch Uhren, Blumen, kleine Geschenke und Briefe vom Unternehmensmanagement.
* Der Bewerber verfügt über eine jährlich stattfindende Mitarbeiterbefragung, in der eine Frage speziell darauf eingeht, wie der Fragebogen im kommenden Jahr verbessert werden könnte. Ein eigenes Postfach für jeden Mitarbeiter dient der Stärkung der internen Kommunikation.

204

Verbesserungsmöglichkeiten

• Es bleibt unklar, welche Grenzen es für den Einzelnen im Hinblick auf Reaktionen auf Beschwerden der Gäste sowie die Umsetzung eigener Ideen gibt.

• Es gibt wenige Aussagen über die Überprüfung des Systems der Eigenverantwortung.

4 Ressourcen

Wie das Unternehmen Ressourcen effektiv und effizient verwaltet.

4a) Belege dafür, wie die Organisation Finanzressourcen verwaltet

Anzugehende Bereiche *könnten* beinhalten, *wie* die Organisation

• das Geschäft effizient finanziert und ihre finanziellen Schlüsselparameter (Cashflow, Kapitalrendite etc.) kurzfristig und langfristig kontrolliert;

• ihre Finanzressourcen zuordnet und einsetzt, um Strategie und Planung der Organisation zu unterstützen;

• Investitionsentscheidungen bewertet;

• Risikomanagement betreibt.

Stärken

• Die Philosophie des Bewerbers ist es, Gewinne zu reinvestieren. Als Investitionsmanagement verwendet der Bewerber seit 1995 die Break-Even-Analyse.

• Um Risikomanagement im Hinblick auf Umsatz, Einkauf, Mitarbeiterplanung und Kosten zu betreiben, verwendet der Bewerber Schlüsselparameter bei der Leistungsüberwachung (Umsatz, Teamkosten, Warenkosten und Cashflow).

• Der externe Berater leistet Unterstützung bei der Kalkulation der Warenkosten. Außerdem wird die externe Beratung von Wirtschaftsprüfern, Steuerberatern und Anwälten in Anspruch genommen.

- In den einzelnen Bereichen wurden Kostenerfassungsstellen und Profitcenter eingeführt. Diese helfen dem Management bei der Beurteilung der Effizienz der einzelnen Bereiche.

Verbesserungsmöglichkeiten
- Die Harmonisierung zwischen Strategie und eingesetzten finanziellen Maßnahmen bleibt unklar.
- Der Bewerber legt keine Informationen darüber vor, auf welche Weise die langfristigen Investitionen beurteilt werden.
- Die Strategie des Bewerbers ist es, das Eigenkapital auf einem Niveau zu halten, das langfristige Besitzverhältnisse sichert. Es gibt keine Aussagen darüber, wie dieses Niveau ermittelt wird.
- Es gibt keine Anhaltspunkte für eine Überprüfung des Finanzmanagements.

4b) Belege dafür, wie die Organisation Informationsressourcen verwaltet

Anzugehende Bereiche *könnten* beinhalten, *wie* die Organisation
- sicherstellt, dass jeder über diejenigen Informationen verfügt, die er für seine Tätigkeiten benötigt und dass die relevanten Indikatoren festgelegt und erkennbar gemacht werden;
- sicherstellt, dass die relevanten Informationen (über Produkte, Ablaufleistung, Mitarbeiter, Lieferanten, Kunden etc.), wenn benötigt, für Berechtigte leicht zugänglich sind;
- gewährleistet, dass die Informationen zugänglich, sicher und korrekt sind und mit den relevanten Richtlinien übereinstimmen.

Stärken
- Der Bewerber verfügt über sieben festgelegte Bereiche, von denen er seine Informationen abruft. Es ist festgelegt, wer für dieses Abrufen verantwortlich ist, wie oft dies erfolgt, wer die Informationen erhält und welche Mittel verwendet werden.
- Der Bewerber verwendet Postfächer, um die Informationen zu verteilen. Jedes Mitglied der Organisation zeigt mit seiner Unterschrift unter

das Schriftstück, dass er dieses erhalten hat und sich seines Inhalts bewußt ist.

- Das tägliche Leistungschart gewährleistet, dass alle Mitarbeiter über die aktuellen Informationen informiert werden.
- Der Bewerber stellt seinen Mitarbeitern Fachzeitschriften sowie eine Bibliothek zur Verfügung.
- Informationen werden auf Informationstafeln ausgehängt. Diejenigen, die vorrangige Priorität haben, werden unterschrieben, um zu bestätigen, dass sie gelesen wurden.

Verbesserungsmöglichkeiten

- Es ist unklar, wie das Unternehmen festlegt, welche Informationen den Mitarbeitern zugänglich gemacht werden, damit diese ihre Tätigkeiten erfüllen können.
- Es liegen wenige Informationen darüber vor, wie die Richtigkeit und Vertraulichkeit von Daten gewährleistet wird (beispielsweise persönliche Informationen über A-Kunden).
- Es gibt keine Informationen über die Überprüfung des Informationssystems und die Verteilung von Daten und Informationen.

4c) Belege dafür, wie die Organisation Lieferanten und Waren verwaltet

Anzugehende Bereiche *könnten* beinhalten, *wie*
- die Beziehungen mit den Lieferanten im Kontext von Strategie und Planung gehandhabt werden;
- die Organisation die Auswahl hinsichtlich Waren und Lieferanten gestaltet und die Leistung überwacht;
- Beseitigung und Umweltbelastung von Rohmaterialien optimiert werden;
- die Lieferkette verbessert wird;
- Materialinventur und Rotation optimiert werden;
- globale, nicht erneuerbare Ressourcen geschont und recycelt werden und wie Abfall minimiert wird.

Stärken

- Der Bewerber hat eine Einkaufspolitik und enge langfristige Beziehungen zu seinen Lieferanten aufgebaut, die jährlich geführte, strukturierte Diskussionen beinhalten. Der Bewerber informiert seine Lieferanten über die Unternehmensziele.
- Der Bewerber hat seine Lieferanten über die wichtigsten Anforderungen informiert.
- Um den Einkauf genau im Auge zu behalten, wurde ein Projektteam gegründet.

Verbesserungsmöglichkeiten

- Es gibt nur wenige Anhaltspunkte dafür, wie die Leistung der Lieferanten bewertet wird.
- Es gibt keine Informationen darüber, wie Lieferanten und Materialmanagement überprüft werden.

4d) Belege dafür, wie die Organisation andere Ressourcen verwaltet

Anzugehende Bereiche *könnten* beinhalten, *wie* die Organisation
- Gebäude, Ausstattung und andere Ressourcen so gut wie möglich einsetzt;
- relevante neue und in der Entwicklung stehende Technologien identifiziert und bewertet;
- Technologien zum eigenen Vorteil in wirtschaftlicher Hinsicht und im Hinblick auf die Konkurrenz umsetzt;
- geistiges Eigentum, Wissen und Innovationen schützt und nutzt.

Stärken

- Der Bewerber hat einen Ressourcenplan erstellt, der 3–4% des Umsatzes vorsieht für: Erhalt der Gebäude, Neugestaltung des Restaurantbereichs alle sieben Jahre, Mieten oder Leasen hochwertiger Ausstattung sowie Wartungsverträge für unverzichtbare Ausstattung.
- Über den Einsatz neuer Technologien wird anhand der Überprüfung von vier Faktoren entschieden.
- Der Bewerber hat ein Umweltkonzept etabliert, welches Teil seines

Organisationshandbuchs ist. Dieses gehört in den Verantwortungs-
bereich »Junge Menschen im Unternehmen» und wird jährlich überprüft.
- Es besteht eine positive Einstellung zum neuesten Stand der Technik,
um auf diese Weise Arbeitsbedingungen zu verbessern, die Arbeitslast
zu reduzieren und den Bedürfnissen der Kunden zu entsprechen.

Verbesserungsmöglichkeiten
- Es liegen nur wenige Informationen darüber vor, wie die Notwendig-
keit für neue Technologien identifiziert wird (mit der Ausnahme von
IT) und wie dies zu direkten Vorteilen führt.
- Es liegen nur wenige Informationen hinsichtlich der Überprüfung des
Managements für Ausstattung und Ressourcen vor.

5 Qualitätssystem und Abläufe

Wie das Unternehmen durch das Management sei-
nes Qualitätssystems und seiner Abläufe Wert für
den Kunden schafft.

5a) Belege dafür, wie sich das Unternehmen auf die Kunden konzentriert

Anzugehende Bereiche *könnten* beinhalten, *wie* die Organisation
- Kundenbedürfnisse, Markttendenzen und die Konkurrenz erforscht;
- ein Feedback von den Kunden zu erhalten versucht, um ihre Produkte
und Serviceleistungen zu verbessern;
- die Kundenzufriedenheit mißt und überwacht;
- aktiv die Partnerschaft mit den Kunden entwickelt;
- latente Kundenbedürfnisse erforscht, um so Innovationen herbei zu
führen.

Stärken
- Der Bewerber hat drei Kundengruppen für die unterschiedlichen Bereiche identifiziert: A-, B- und C-Kunden.

- Der Bewerber misst die Kundenzufriedenheit über drei Ansätze: Lob- und Beurteilungskärtchen, Kundenzufriedenheitsgespräche und regelmäßig stattfindende Kundenbefragungen.
- Lob- und Beurteilungskärtchen sind für jeden Bereich spezifisch. Alle Karten werden täglich vom Unternehmensmanagement überprüft.
- Der Bewerber hat ein aus sechs Phasen bestehendes Managementsystem für Reklamationen festgelegt, wobei die Anzahl der Reklamationen als Grundlage für das Aufstellen neuer Ziele dient. Tipps und Vorschläge der Gäste durchlaufen das gleiche System wie die Vorschläge der Mitarbeiter. Die Vorschläge der Gäste werden durch Geschenke anerkannt.
- Die Kundenzufriedenheitsgespräche werden in jedem Bereich geführt, um die Bedeutung der strategischen Erfolgspositionen des Bewerbers zu überprüfen, persönlichen Kontakt zu den Gästen herzustellen und Input von den Gästen zu erhalten.
- Die regelmäßigen Kundenbefragungen sind die dritte Methode, ein Feedback von den Kunden zu erhalten. Die Ergebnisse werden am Ende jeden Jahres analysiert und neue Ziele für das kommende Jahr aufgestellt.
- Der Bewerber betreibt Konkurrenzforschung durch den Besuch der relevanten Örtlichkeiten. Dies dient als Grundlage für die Erstellung eines Berichts.
- Es gibt überzeugende Beweise dafür, dass mit identifizierten Schlüsselkunden Partnerschaften aufgebaut werden.

Verbesserungsmöglichkeiten
- Es liegen wenig Hinweise auf eine weitergehende Analyse von Reklamationen vor sowie auf Kundenbefragungen nach Kundentyp geordnet.
- Es liegen wenig Hinweise darauf vor, dass Kundentypen erkannt werden, bei denen es sich nicht um Gäste und deren Beziehungen mit anderen Bereichen handelt.
- Es liegen wenige Hinweise darauf vor, wie sich der Bewerber auf Kunden konzentriert.

5b) Belege dafür, wie das Unternehmen sein Qualitätssystem handhabt

210

Anzugehende Bereiche *könnten* beinhalten, *wie* die Organisation
- ihr Qualitätssystem entwickelt, um sicherzustellen, dass Produkte und Serviceleistungen den Erfordernissen entsprechen;
- etablierte Rahmenrichtlinien als Grundlage für ihr Qualitätssystem einsetzt; Beispiele sind ISO 9000, Good Manufacturing Practices (GMP), Good Laboratory Practices (GLP) sowie weitere für den jeweiligen Wirtschaftsbereich spezifische Rahmenrichtlinien.

Stärken
- Der Bewerber verwendet die Rahmenrichtlinien von ISO 9000 als Instrument für das Qualitätssystem. Diese werden so erweitert, dass es Abläufe (Beschreibungen) enthält, die für die Geschäftsaktivitäten von Wichtigkeit sind, auch wenn sie von ISO nicht vorgeschrieben werden.
- Jeder Bereich hat sein eigenes Organisationshandbuch, das auf die Abläufe im jeweiligen Bereich abgestimmt ist.
- Die Spielkultur bildet die Basis für das Qualitätssystem und ist dessen integraler Bestandteil beim Verfolgen der Qualitätspolitik.
- Checklisten werden verwendet, um sicherzustellen, dass alle Standard-Ablaufverfahren zum gleichen Ergebnis führen, unabhängig davon, wer dieses Verfahren einsetzt.
- Das Unternehmen setzt das EFQM Modell Business Excellence als Instrument zur Verbesserung des Unternehmensmanagements ein.

Verbesserungsmöglichkeiten
- Es stehen keine Informationen darüber zur Verfügung, wie das Management des Qualitätssystems sowie die Effektivität interner Audits überprüft werden.

5c) Belege dafür, wie das Unternehmen seine Schlüsselabläufe verwaltet, um Produkte und Serviceleistungen zu schaffen

Anzugehende Bereiche *könnten* beinhalten, *wie* die Organisation
- Träger von Schlüsselabläufen identifiziert, Vorgaben für Produkt- und Serviceleistung schafft und eine aktualisierte Beschreibung des Ablaufs vornimmt;

- konsequentes Erbringen von Produkten und Serviceleistungen sicherstellt und die Kooperation mit den Lieferanten entwickelt;
- die Entwicklung neuer Produkte und Serviceleistungen handhabt, um den Kundenwünschen zu entsprechen und sie vorwegzunehmen.

Stärken
- Der Bewerber hat sieben Schlüsselabläufe sowie ein Verfahren für die Einführung neuer Produkte und Serviceleistungen festgelegt.
- Schlüsselabläufe sowie hiermit in Verbindung stehende Zuständigkeiten und Messungen wurden festgeschrieben, wobei spezifische Kriterien angelegt werden.
- Die Ablaufbeschreibungen sind Bestandteil des Organisationshandbuchs, welches auch Querverweise zu Schlüsselabläufen, untergeordneten Schlüsselabläufen sowie Schlüsselprodukten und Serviceleistungen enthält.

Verbesserungsmöglichkeiten
- Obgleich der Bewerber angibt, dass die Schlüsselabläufe jährlich überprüft werden, bleibt unklar, wer für die Beurteilung dieser Abläufe zuständig ist und welche Kriterien angelegt werden. Aus diesem Grund sowie aufgrund der Tatsache, dass diese noch niemals überprüft wurden (Beginn ihres Lebenszyklus) ist es schwierig, dieses Gebiet umfassend zu bewerten.

5d) Belege dafür, wie das Unternehmen seine Abläufe bezüglich kontinuierlicher Verbesserungen verwaltet

Anzugehende Bereiche *könnten* beinhalten, *wie* die Organisation
- Bereiche für Verbesserungen identifiziert, die mit den Bedürfnissen der Kunden zusammenhängen;
- bestehende Produkte und Serviceleistungen kontinuierlich im Kontext der Kundenbedürfnisse sowie vermuteter Kundenbedürfnisse verbessert;
- Leistungsindikatoren für die Abläufe erstellt und Ziele für Verbesserungen vorgibt;

212

- die relevanten Qualitätsinstrumente für die Verbesserung von Aktivitäten einsetzt;
- die Umsetzung von Veränderungen mittels Projektüberwachung, Tests, Schulung und Überprüfung handhabt und unterstützt.

Stärken
- Der Bewerber hat einen Innovationsablauf vorgegeben und verwendet Kundenwünsche, Chancenblätter und Ideenblätter als Instrumente für kontinuierliche Verbesserungen. Die ausgefüllten Blätter werden ausgewertet und entsprechendes Vorgehen in die Wege geleitet.
- Der Bewerber unterscheidet zwischen zwei Zielvorgaben: «Auf die Gäste ausgerichtete Verbesserungen» sowie «Auf interne Aktivitäten ausgerichtete Verbesserungen». Für beide Gruppen werden Beispiele angeführt.
- Der Bewerber setzt Qualitätszirkel und Projektgruppen ein, um Probleme zu identifizieren und zu lösen.

Verbesserungsmöglichkeiten
- Verbesserungen scheinen eher eine Reaktion auf auftauchende Probleme als das Ergebnis vorausschauenden Handelns zu sein.
- Es gibt nur wenige Informationen über das Erstellen von Zielvorgaben im Hinblick auf den Innovationsprozess sowie darüber, wie die Ablaufleistung gemessen wird.
- Es gibt keine Informationen darüber, wie der Innovationsprozeß überprüft wird.

6 Kundenzufriedenheit

Welche Ergebnisse das Unternehmen im Hinblick auf die Zufriedenheit seiner externen Kunden erzielt

6a) Augenblickliche Ergebnisse dazu, wie die Kunden die Produkte, die Serviceleistungen und Beziehungen des Unternehmens wahrnehmen

Anzugehende Bereiche *könnte* die Wahrnehmung der Kunden beinhalten (z.B. aufgrund von Kundenbefragungen, Fokusgruppen, Einstufung von Lieferanten etc.) im Hinblick auf die folgenden Themenbereiche:

Overall Image
• Zugänglichkeit
• Kommunikation
• Flexibilität
• proaktives Verhalten
• Bereitschaft zum Reagieren

Produkte und Serviceleistungen in Übereinstimmung mit der Spezifikation
• Lieferung
• Design
• Umweltprofil
• Innovation
• Preis
• Zuverlässigkeit

Verkauf und Kundendienst
• Fähigkeit und Verhalten der Mitarbeiter
• Kundenliteratur und technische Dokumentation
• Umgang mit Reklamationen
• Produktschulung
• Reaktionszeit
• technische Unterstützung
• Garantien

Loyalität
• Bereitschaft zu Wiederholungskäufen
• Bereitschaft, andere Produkte und Dienstleistungen von der Organisation zu erwerben
• Bereitschaft, die Organisation zu empfehlen

Das Feedback stammt normalerweise aus Umfragen (mit der Absicht, die Ansichten der Kunden einzuholen bzw. Informationen darüber, wie die Kunden die Produkte und Serviceleistungen der Organisation wahrnehmen); weitere Informationsquellen könnten Verbraucherverbände, Fokusgruppen sowie Einstufungssysteme der Kunden und Lieferanten sein.)

Stärken

• Die Anzahl der Reklamationen ging zwischen 1990 und 1994 kontinuierlich zurück. Die Ergebnisse weisen in drei Fällen eine erfreuliche

Beziehung zur Zielsetzung auf. Der Bewerber teilt die Reklamationen nach Bereichen ein.
- Das Verhältnis zwischen Danke-Karten und Entschuldigungsschreiben ist besser als 3:1.
- Die Anzahl der Danke-Karten hat sich zwischen 1996 und 1997 erhöht.
- Eine Stammkundenbefragung weist bei allen vorgelegten Aspekten eine positive Tendenz auf. Die Vergleiche mit den eigenen Zielvorgaben sind bei fast allen Maßnahmen günstig.
- Die Ergebnisse der Kundenzufriedenheitsgespräche zeigen bei fast allen Messungen während eines Zeitraums von drei Jahren eine positive Tendenz.

Verbesserungsmöglichkeiten
- Von 1994 bis 1995 stieg die Anzahl der Reklamationen, und von 1996 bis 1997 stieg die Anzahl der Entschuldigungsschreiben. Aufgrund von Änderungen beim Erfassungssystem liegen nur beschränkte Informationen über die Handhabung von Reklamationen zwischen 1995 und 1996 vor.
- Es liegen nur wenige externe Vergleichsdaten im Hinblick auf Reklamationen und Stammkundenumfragen vor.
- Die Anzahl der Reklamationen im Bereich Rezeption ist zwischen 1996 und 1997 nahezu gleich geblieben.
- Es gibt nur wenige Anhaltspunkte, nach Bereich oder Kundentyp geordnet, über die Ergebnisse im Hinblick auf Kundenzufriedenheit sowie über hiermit zusammenhängende Zielsetzungen.
- Es gibt keine Informationen über Ergebnisse im Hinblick darauf, wie die Kunden das Overall-Image des Unternehmens wahrnehmen.

6b) Augenblickliche Ergebnisse dazu, wie zusätzliche Maßnahmen sich auf die Zufriedenheit der Kunden des Unternehmens auswirken

Anzugehende Bereiche *könnten* weitere unterstützende Informationen beinhalten, die die Organisation verwendet, um die Zufriedenheit und Loyalität ihrer externen Kunden zu messen:

Overall-Image
- Anzahl von Auszeichnungen und Preisen
- Medieninteresse

Verkauf und Kundendienst
- Bedarf an Schulung
- Reaktionsrate

Loyalität
- Kundenanteil
- Dauer der Beziehung
- wirksame Empfehlungen
- Häufigkeit/Wert von Bestellungen
- Wert der Lebensdauer
- neue oder verlorene Geschäfte
- Wiederholungsgeschäft

Produkte und Serviceleistungen
- Konkurrenzfähigkeit
- Häufigkeit von Mängeln, Fehlern und Ablehnung
- Garantieleistungen
- Logistikindikatoren
- Anzahl von Reklamationen sowie Umgang hiermit
- Lebenszyklus von Produkten
- Markteinstiegszeit

Stärken
- Die durchschnittliche Zimmerbelegung weist eine Verbesserungstendenz auf und holt, verglichen mit den TOP100 Einzelhotels, auf. Vergleiche im Raum Nürnberg zeigen, dass die Leistung besser ist als die der Konkurrenz.
- Die Anzahl der Konferenzen weist eine Verbesserungstendenz auf, und Vergleiche mit den eigenen Zielvorgaben für die Jahre '95 und '97 sind positiv.
- Der durchschnittliche Pro-Kopf-Umsatz weist eine Verbesserungstendenz auf und liegt beachtlich über dem deutschen Durchschnitt.
- Bei der Anzahl der Gäste ist eine positive Tendenz festzustellen.
- Der Bewerber erhielt während der 90er-Jahre eine Vielzahl von Auszeichnungen. Auch die Berichte in der Presse zeigen eine positive Tendenz.

Verbesserungsmöglichkeiten
- Der Bewerber legt keine eigenen Zielvorgaben für die Zimmerbelegung vor.

- Es gibt keine Vergleichsdaten für die Anzahl von Konferenzen.
- Es gibt nur wenige Informationen über die Leistung der Top-Unternehmen, gemessen am pro-Kopf-Umsatz. Auch die eigenen Zielvorgaben des Bewerbers bleiben unklar.

7 Mitarbeiterzufriedenheit

Welche Ergebnisse das Unternehmen im Hinblick auf die Zufriedenheit seiner Mitarbeiter erzielt

7a) Augenblickliche Ergebnisse dazu, wie die Mitarbeiter das Unternehmen wahrnehmen

Anzugehende Bereiche *könnten* das Feedback beinhalten, das die Organisation von ihren Mitarbeitern erhalten hat und welches sie in die Lage versetzt zu beurteilen, zu messen und zu verstehen, wie sie deren Bedürfnisse und Erwartungen erfüllt. Beispiele sind:
- Arbeitsumfeld
- Kommunikation
- Karriereaussichten
- Management
- Bewertung
- Anerkennung
- Schulung
- Arbeitsbedingungen

Das Feedback stammt normalerweise aus Mitarbeiterumfragen durch das Ausfüllen von Fragebögen oder aus strukturierten Interviews.

Stärken
- Bei der jährlichen Mitarbeiterbefragung konnte der Bewerber in einem Zeitraum von fünf Jahren bei vier von fünf Messungen eine Verbesserungstendenz verbuchen (Atmosphäre, Arbeitsbedingungen, Schulung und interne Kommunikation).

- Beim Vergleich mit zwei weiteren Hotels wies die Leistung des Bewerbers bei einer Benchmarking-Studie im Jahr 1997 gute Ergebnisse auf.

Verbesserungsmöglichkeiten
- Es gibt wenig Informationen darüber, in welcher Verbindung die angeführten Maßnahmen zur strategischen Planung und Zielsetzung des Bewerbers stehen. Beispielsweise bleibt unklar, welche Verbindung zu Spielkultur und Spielregeln besteht.
- Es gibt wenig Informationen über die Meinung der Mitarbeiter bezüglich der Ansätze beim Personalmanagement.
- Der Bewerber ordnet die Ergebnisse nicht nach Tätigkeitskategorien und legt keine eigenen Zielvorgaben vor.
- Es gibt keine Vergleiche mit den besten Unternehmen in dieser Klasse.

7b) Augenblickliche Ergebnisse dazu, wie zusätzliche Maßnahmen sich auf die Zufriedenheit der Mitarbeiter auswirken

Anzugehende Bereiche *könnten* weitere unterstützende Informationen beinhalten, welche die Organisation dazu verwendet zu messen, welcher Zufriedenheitsgrad wahrscheinlich erreicht wird. Beispiele sind:
- Abwesenheit
- Krankheit
- Mitarbeiterfluktuation

Stärken
- Die vorgelegten Ergebnisse für Kranktage weisen über einen Zeitraum von sechs Jahren eine positive Tendenz auf; die Leistung ist besser als bei Vergleichszahlen mit der BKK und erreicht nahezu die eigenen Zielvorgaben für die Jahre 1992–1996.
- Die Anzahl von Vorschlägen sowie von solchen, die umgesetzt/geplant sind, weist für einen Zeitraum von sechs Jahren eine positive Tendenz auf. Die Anzahl der Verbesserungen liegt weit über dem deutschen Durchschnitt.

- Der Bewerber weist über einen Zeitraum von vier Jahren einen Zuwachs bei der Teilnahme an Weiterbildungsmaßnahmen auf.
- Der Bewerber weist eine abnehmende Häufigkeit bei der Anzahl von Unfällen auf und übertraf im Jahr 1997 seine eigenen Zielvorgaben (in Kriterium 8 angegeben).

Verbesserungsmöglichkeiten
- Die Zielvorgaben für Kranktage wurden in fünf der letzten sechs Jahre nicht erreicht.
- Der Bewerber legt keine eigenen Zielvorgaben oder Vergleichsdaten für die Teilnahme an Weiterbildungsmaßnahmen vor.
- Der Bewerber legt keine Vergleichsdaten für die Anzahl von Unfällen vor.
- Es findet keine Segmentierung der Ergebnisse, beispielsweise nach Tätigkeitskategorien, statt.

8 Auswirkung auf die Gesellschaft

Welche Ergebnisse das Unternehmen beim Befriedigen der Bedürfnisse und Erwartungen der Ortschaft, in der es sich befindet, erzielt.

8a) Gegenwärtige Ergebnisse hinsichtlich des Einflusses des Unternehmens auf die Ortschaft, in der es seine Tätigkeiten ausübt

Anzugehende Bereiche *könnten* beinhalten:
- Reduzierung sowie Vermeidung von:
  Lärm,
  Verschmutzung,
  Abwasser;
- Reduzierung und Vermeidung von Risiken für Gesundheit und Sicherheit;
- Reduzierung von Abfall sowie die Verwendung recycelter Materialien;

- aktives Engagement in Ortsverbänden, Wohlfahrtseinrichtungen, Schulen, Freiwilligengruppen;
- Informationen darüber, wie die Organisation von der Ortschaft gesehen wird, erhalten durch Umfragen oder andere Methoden.

Stärken
- Der Bewerber hat seinen Einfluss auf die Gesellschaft definiert, um die folgenden Aspekte anzugehen: Ökonomie, Soziales, Popularität, Know-how, Umweltanliegen.
- Das Niveau des Spendenvolumens weist eine steigende Tendenz auf.
- Führungen durch das Unternehmen weisen sowohl über einen Zeitraum von sechs als auch über einen Zeitraum von drei Jahren eine steigende Tendenz auf.
- Eine Studie/Meinungsumfrage des Wickert Instituts, Illereichen, zeigt, dass 83% der Befragten das Unternehmen als Bereicherung für die Gegend empfinden.
- Die Kosten für Wasserverbrauch und Abfallbeseitigung weisen sowohl über einen Zeitraum von sechs als auch über einen Zeitraum von drei Jahren eine sinkende Tendenz auf.
- Der Bewerber gewann die Silbermedaille im Wettbewerb der umweltfreundlichen Betriebe der Jahre 1993 und 1994.

Verbesserungsmöglichkeiten
- Der Bewerber legt keine eigenen Zielvorgaben oder Vergleichsdaten für das Spendenvolumen vor.
- Es stehen keine vergleichenden Daten oder eigene Zielvorgaben für die Kosten von Wasser und Abfallbeseitigung zur Verfügung.
- Es liegen keine Informationen über absolute Zahlen für Wasserverbrauch und Abfallbeseitigung vor, wodurch Verbesserungen auf diesem Sektor schwer messbar sind.

9 Geschäftsergebnisse

Welche Ergebnisse das Unternehmen im Vergleich zu seinen geplanten Geschäftszielen erreicht sowie hinsichtlich der Befriedigung der Anforderungen und Erwartungen all derjenigen, die ein finanzielles Interesse am Unternehmen haben.

9a) Gegenwärtige Ergebnisse im Hinblick auf finanzielle Indikatoren der Leistung des Unternehmens

Anzugehende Bereiche *könnten* beinhalten:
* Themenbereiche der Gewinn- und Verlustrechnung, wie z. B. Verkaufszahlen, Kosten, Margen, Profit;
* Themenbereiche der Bilanz, wie z. B. Aktivposten, Betriebskapital, lang- und kurzfristige Darlehen;
* Themenbereiche des Cashflow, wie z. B. Betriebs-Cashflow, Investitionsausgaben sowie die Finanzierung des Cashflow;
* Bonität, Beschaffung von Finanzierung.

Stärken
* Der Umsatz weist eine positive Tendenz auf und zeigt ein besseres oder gleiches Ergebnis wie die Top 100 führenden Einzelhotels. Der Vergleich mit den eigenen Zielvorgaben ist positiv oder gleichbleibend, mit der Ausnahme eines einzigen Jahres ('94). Der Umsatz wird den Bereichen entsprechend segmentiert.
* Über einen Zeitraum von fünf Jahren zeigt der Gewinn kontinuierliches Wachstum.
* Während der letzten drei Jahre weist der Konferenzbereich eine positive Tendenz sowie über den Zielvorgaben liegende Ergebnisse auf.
* Die Beziehung zwischen bereinigtem Gewinn und Umsatz, Eigenkapitalrendite und Gesamteinnahmen weist über einen Zeitraum von zwei Jahren eine positive Tendenz auf.
* Der Pro-Kopf-Umsatz ist besser als der zweitbeste der TOP 150 und

bei weitem besser als derjenige des durchschnittlichen deutschen Hotels.

- Die Tendenz des Cashflow ist positiv, und er ist höher als derjenige des durchschnittlichen deutschen Hotels für das Jahr 1995.

Verbesserungsmöglichkeiten

- Es ist dem Bewerber nicht gelungen, die Umsatz-Zielvorgaben für die letzten vier Jahre zu erreichen. Dies gilt für die Umsatz-Zielvorgaben für den Hotelbereich für fünf Jahre und für den Restaurantbereich für sechs Jahre.
- Der Bankettbereich weist eine sinkende Umsatztendenz auf.
- Der Bewerber legt keine eigenen Zielvorgaben oder Vergleichszahlen für das Messen des bereinigten Gewinns, der Eigenkapitalrendite, Gesamterträge, des Cashflow, der Finanzkraft des Unternehmens sowie der Vorträge vor.
- Der Bewerber legt keine eigenen Zielvorgaben für den Pro-Kopf-Umsatz vor.

9b) Gegenwärtige Ergebnisse im Hinblick auf zusätzliche Indikatoren/Maßnahmen/Messungen der Leistung des Unternehmens

Anzugehende Bereiche *könnten* beinhalten:
- Leistungsergebnisse für die Schlüsselabläufe der Organisation sowie für die Maßnahmen, die in den Kriterien 4 und 5 (und welche nicht bereits in Kriterium 6, 7 oder 8 präsentiert werden) identifiziert sind;
- Marktanteil;
- Maßnahmen zur Leistung in den Bereichen Produkt oder Service;
- Zykluszeiten:
  Zeit für Markteinstieg
  Zeit für Auftragsbearbeitung
  Zeit für Produktion und Lieferung
  Zeit für Erledigung von Reklamationen
  Inventurzeit
  Messung von Mängeln

Stärken

- Der Bewerber liegt während eines Zeitraums von drei Jahren positiv im Vergleich mit den zweitbesten TOP-150-pro-Kopf-Zahlen.
- Der Zimmerpreis des Bewerbers blieb auf dem gleichen Niveau und ist sogar gestiegen, während die Zimmerpreise der TOP 150 im gleichen Zeitraum ständig gefallen sind. Der Zimmerpreis des Bewerbers ist besser als derjenige der Konkurrenz am Ort.
- Der Umsatz pro Zimmer ist gestiegen, während die Leistung der TOP 150 im gleichen Zeitraum sowie der Durchschnitt der deutschen Hotels gesunken ist. Die Leistung liegt über derjenigen der TOP 150.

Verbesserungsmöglichkeiten

- Es gibt nur beschränkte Informationen über die Leistungen bei Ablauf und Service, über die Leistung der Schlüssellieferanten und den Marktanteil.
- Der Bewerber legt keine eigenen Zielvorgaben für Pro-Kopf-Umsatz und Umsatz pro Zimmer vor.

Zusammenfassung der Bewertungspunkte des Gutachterteams

Die Stelle der Spalten in der untenstehenden Tabelle entspricht der Gewichtung, die jedem Kriterium im Modell verliehen wird. Dies ermöglicht eine visuelle Darstellung der Bedeutung eines jeden Bewertungspunktes.

	Einteilung in Prozent									
Kriterium	0-10	11-20	21-30	31-40	41-50	51-60	61-70	71-80	81-90	91-100
1. Führung							▓			
2. Strategie und Planung						▓				
3. Personalmanagement							▓			
4. Ressourcen					▓					
5. Qualitätssystem und Abläufe						▓				
6. Kundenzufriedenheit						▓				
7. Mitarbeiterzufriedenheit						▓				
8. Auswirkung auf die Gesellschaft						▓				
9. Geschäftsergebnisse						▓				

	Einteilung in Prozent									
Erreichte Ge-samtpunktzahl	0-101	101-200	201-300	301-400	401-500	501-600	601-700	701-800	801-900	901-1000
						▓				

224